T0279148

Yo me transformo

Terapia sin filtro para mujeres

Guada Sánchez

VERGARA

Penguin
Random House
Grupo Editorial

Primera edición: febrero de 2024

© 2024, Guadalupe Sánchez Martínez
© 2024, Penguin Random House Grupo Editorial, S.A.U.,
Travessera de Gràcia, 47-49. 08021 Barcelona
© 2024, ELNO (@elnoart), por las ilustraciones del interior

Printed in Spain — Impreso en España

ISBN: 978-84-19248-88-6
Depósito legal: B-21.371-2023

Compuesto en Twist Editors

Impreso en Black Print CPI Ibérica
Sant Andreu de la Barca (Barcelona)

VE 4 8 8 8 6

ÍNDICE

INTRODUCCIÓN

BIENVENIDA AL VIAJE DE TU VIDA

No te imaginas lo que te vas a encontrar en estas páginas; bueno, más bien, a dónde estás a punto de ir. Juntas vamos a embarcarnos en una nave, una nave que nos va a llevar a lugares increíbles. Nos dirigimos a un viaje a tierra lejanas. En este viaje, vas a comprender quién eres y cuáles son los principios que rigen tu mundo interno. En cada parada, entenderás una parte de ti desde una nueva perspectiva que no conocías.

Juntas construiremos un sencillo mapa de tu propio mundo, para que puedas navegar por él. Y como no me gustaría que hicieses eso sola, he escrito este libro. Voy a darte la mano mientras descubres nuevas herramientas que te ayuden a poner piezas en su sitio. Voy a llevarte a partes de tu mundo interno que, tal vez, habías olvidado. Voy a enseñarte rincones desconocidos para ti. Juntas, vamos a realizar un viaje brutal a tu planeta interior.

Por cierto, si estás leyendo esto y eres un hombre, bienvenido. Te explico: escribo en femenino porque mis pacientes son mujeres. No tiene nada que ver contigo, ¿sabes? No te lo tomes como algo personal. Eres ultra-bienvenido. ¡Vente conmigo, que vamos a colocar piezas juntos! Pero, hermoso mío, salvo estas líneas, el libro va a seguir siendo de género femenino, y tal vez esto lo sientas un poco raro. Fíjate, qué curioso, ¡nosotras nos hemos acostumbrado a hacer eso toda la vida! Pero es algo maravilloso que puedas sentir por un momento cómo es estar en el otro lado. ¡Mira! Ahí ya estás colocando una pieza, you are welcome. Y si te identificas con cualquier otro género, ¡bienvenide! Es un honor hacer este trayecto contigo.

Antes de despegar, te voy a contar por qué estoy aquí y por qué me gusta acompañar a la gente a conocerse en semejantes viajes.

Desde que era pequeña, la curiosidad siempre me ha invadido. Recuerdo mirar al cielo, mirar a mi entorno y preguntarme: ¿Qué hacemos aquí? ¿Qué es esto? Y sentir algo muy intenso: entre una inmensa curiosidad, miedo y pequeñez. Así, tuve mis primeros ataques de ansiedad, bien pequeñica. Sin saber que lo eran, claro. Esa curiosidad nunca me abandonó. Y conforme fui madurando, creció conmigo y se alió con una sed tremenda por cuestionar, por indagar y por encontrar respuestas. Cuando llegó el momento que tuve que elegir que estudiar, decidí estudiar Filosofía. Mi segunda opción era ser bailarina ya que toda mi vida había hecho gimnasia rítmica y amaba bailar. ¿Qué ser, filósofa o bailarina? La historia de mi vida. Al final elegí Filosofía como carrera y el baile y el cante lo continué por otros lados, siempre. Cantaba en grupos de jazz y bailaba en grupos de baile. El primer año de Filosofía me di cuenta de que lo que realmente me gustaba era la sensación de crecimiento personal que resultaba de cuestionarme a mí y a lo que me rodeaba. Yo quería que la gente sintiese lo que yo sentía cuando aprendía sobre el mundo y sobre mí misma. Yo quería transmitir esto a los demás. ¿Cómo podía ayudar a otras personas a cuestionarse a sí mismos y así crecer? Vaya, me di cuenta de que quería ser psicóloga. Mi padre es psicólogo, ¡menuda alegría le dio! Una parte de mí nunca había considerado la psicología precisamente por eso. Cuando yo era adolescente chocábamos bastante, pero al final, de manera natural, acabaría tomando el mismo camino que él.

Así que me cambié de carrera. Y la verdad, me decepcionó un poco. Yo tengo rasgos de déficit de atención. No aguanto que me hablen mil horas de cosas sin otras estimulaciones. Me drena cuando me lanzan horas de teoría sin ninguna aplicación. Y así fue toda la carrera. Qué pereza. Me dejó confusa, sin saber qué quería exactamente. Y de un modo similar al viaje que hoy vas a hacer conmigo, yo me fui a hacer mil viajes impulsada por mi curiosidad y en busca de mi camino. Viví en Italia, México, Inglaterra, Alemania, Estados Unidos, México de nuevo, Australia y Vietnam. Viaje por los seis continentes y sus capitales. Trabajé en varias universidades, escribí artículos científicos, trabajé con niños, con adolescentes, con adultos, y como curiosa que soy, también hice proyectos de diseño, de música y de arte. Y después de doce años, volví a Madrid y empecé a trabajar con mujeres, con eyas. Durante mis viajes, me di cuenta de que ayudar a otras personas a hacer excursiones internas sin moverse de la silla era una de mis cosas favoritas. Por ello, en todos estos años me he equipado de las mejores herramientas para acompañarte en tu viaje, en tus procesos, hermana. Tengo todo lo que necesitas para emprender esta travesía, que será un antes y un después en tu camino.

¡Mira a tu derecha! Por ahí llega tu nave. ¡Qué emoción, vamos!

Ponte cómoda, abróchate el cinturón y abre la ventanilla. Nos dirigimos a tu interior, bella. Pero, primero, algunas instrucciones de seguridad a bordo de este vuelo.

1

INSTRUCCIONES DE SEGURIDAD E INFORMACIÓN IMPORTANTE

Cuando te diriges a un planeta, no te puedes ir así, tal cual. No puedes meter cuatro bragas en la maleta y sube que te llevo. Es importante que entiendas bien tu nave y el lugar al que vas, y que vueles con todas las precauciones. Vamos a ver juntas las instrucciones de seguridad y otra información importante para que tengas todo el confort durante este viaje.

Por cierto, ¿de qué color es tu nave? ¿Qué forma tiene? Cierra los ojos y piénsalo. Esta nave es justo como tú necesitas que sea. Tiene exactamente las cosas necesarias para que recorras este camino de la mejor manera.

Y ahora sí, las instrucciones.

Salidas de emergencia

El viaje hacia tu interior, a veces, es duro. Atravesaremos bosques densos, ríos, acantilados y terrenos difíciles de transitar. La salida de emergencia está siempre disponible para cuando lo necesites. Date un tiempo para respirar o escribir, para integrar lo que estás leyendo. Cuida de ti durante este proceso, eso es tan importante como el proceso en sí, o más. Muchas veces, en el camino del trabajo interno, te caerás, o darás dos pasos hacia atrás. En mi experiencia, este es un momento crítico y difícil. Pero es parte inevitable de cualquier proceso de aprendizaje. Y para eso estás aquí, para aprender, para aprender-te. Para conocerte a ti y a tu planeta. Y cuanto más compasiva seas contigo misma durante esas caídas, mejor las vas a gestionar.

Idiomas

Durante este viaje hablaremos en español. Aunque, en ocasiones, verás que se cuela alguna palabra en inglés. Quiero contarte que hablo inglés en mi día a día, y lo tengo bastante metido en la cabeza. Y, a veces, se me escapa alguna palabrilla. Con lo que, por consideración a la autenticidad del escrito, he mantenido algunas. Por otro lado, aunque hablemos el mismo idioma, no tenemos por qué entender lo mismo con respecto a las mismas palabras. Es importante que aclaremos el significado de los conceptos que vamos a usar, para que nuestra comunicación sea clara y fluida. Por cierto, esto es algo que te recomiendo en tus relaciones. Es necesario aclarar estas palabras para entendernos. El sentido común está sobrevalorado. Aquí tienes algunos de los conceptos que vamos a emplear:

- Regular: regular significa ajustar. Aunque en muchas ocasiones también la usaremos como un sinónimo de capacidad para calmarse y poder llevar de vuelta el sistema nervioso a un estado de baja activación. En esos casos usaremos la palabra regulada como equivalente de calmada, tranquila o relajada.
- Viaje galáctico: durante todo el trayecto —este libro—, utilizaremos la metáfora de viaje galáctico y sus diferentes sinónimos para referirnos al viaje interior, al proceso de poner la mirada hacia dentro con un objetivo terapéutico y de autodescubrimiento. Cada parada representa un aspecto clave de ti o del ser humano que vas a visitar y del cual vas a aprender.
- Rumiación: rumiar es darle mil vueltas a una cosa en tu cabeza. Pensar en *loop*.
- Sistema nervioso: es uno de los conceptos centrales de este viaje. Cuando hablamos de sistema nervioso nos referimos a todo el sistema, desde el cerebro y la

médula espinal a los ganglios y los nervios, hasta los pensamientos y emociones. Así, cuando hablamos de sistema nervioso no nos referimos solo a tu cuerpo físico, sino también a tu cerebro y sus procesos.[1] El cerebro es el constructor de tus pensamientos y tus emociones. Cuando hablemos de sistema nervioso, también nos referiremos a estos dos últimos.

- Costo metabólico: usaremos esta metáfora para hablar del costo que implica para el cuerpo ciertas acciones. El costo es la cantidad de recursos (glucosa, oxígeno, agua, hormonas, neurotransmisores, electricidad, etc.) que el cuerpo tiene que mover para realizar por una acción concreta.

- Funcional/disfuncional: emplearemos la palabra «funcional» para hablar de pensamientos y comportamientos que te ayudan a sentirte mejor de alguna manera, que te sirven para gestionar o navegar una situación. Será como un sinónimo de «me sirve para».

- Cognitivo: lo cognitivo es todo aquello relacionado con los procesos mentales que involucran el conocimiento, la percepción, el pensamiento, la memoria y otros aspectos de la función cerebral.

- Tóxico: podría ser sinónimo de «dañino». Dos conceptos que no vamos a usar son «relación tóxica» o «persona tóxica». Cuando hacemos un *feedback* negativo es importante que lo hagamos de manera concreta. Esto lo tiene muy claro cualquier persona que trabaja con equipos o en organizaciones. Hablaríamos en todo caso de acciones determinadas que son disfuncionales o «tóxicas», acciones concretas; sin hablar de la totalidad de la persona o la relación, ya que las relaciones y las personas son más complejas que una sola etiqueta.

LOS EXPLOSIVOS Y MATERIALES INFLAMABLES ESTÁN PROHIBIDOS

Los materiales explosivos y una serie de palabras están prohibidas a bordo de esta nave estelar. ¡Te sugiero no mencionar estas palabras durante nuestro viaje! Es más, te animo a que empieces a identificarlas dentro de tu cabeza mientras trabajas en ti, y son:

- Bueno/malo: en los procesos internos buscamos comprender experiencias y perspectivas, sin juzgarlas. Las palabras «bueno» o «malo» tienen una connotación moral y, tradicionalmente, se han usado para decirnos qué debemos y qué no debemos hacer. En este viaje, no hablaremos de lo que está bien o está mal, sino que exploraremos con curiosidad tus procesos internos para encontrar los lugares más útiles para ti.

- Debería/no debería: ambas son invalidantes. A tus emociones, y ya lo verás más en detalle cuando vayamos a esa parte de tu planeta, no les gusta nada que las cuestionen. En el proceso de trabajo interno, nuestro objetivo no es imponerte valores ni normas externas; nuestra meta es entenderte y aceptar todas tus partes, las más oscuras y las más claras. Aceptar tu totalidad, para poder trabajar desde ahí.

- Tu/mi culpa: a menudo, la frase «es tu/mi/su culpa» está asociada con la idea de que alguien ha violado una norma social o personal y se le acusa de ello. La vamos a sustituir por «tu/mi/su responsabilidad». Esta frase te va a dar un sentido de agencia y empoderamiento, te va a hacer más fácil el poder conectar con la mentalidad de sentirte capaz de hacer cambios, poner límites y tomar decisiones. «Tener la culpa» forma parte de un lenguaje de reproche, de queja. «Tomar responsabilidad» forma parte de un lenguaje de aceptación y de respeto que ayuda a encargarse de una misma.

PELÍCULAS

Durante este viaje, tienes acceso a un montón de pelis. Como las que tú te montas en tu cabeza. Tu imaginación tiene un poder extraordinario. De hecho, en este paseo por tu cosmos interno, estas serán una de nuestras herramientas más importantes. En tu imaginación puedes hacer lo que quieras. Pero, ojo, esta es un arma de doble filo. Cuando tu cerebro procesa información, no hace una distinción clara entre lo que es real y lo que es imaginario, lo que significa que puede llegar a confundir la realidad con la ficción. Esto es peligroso, pero también implica muchas posibilidades. El motivo se debe, en parte, a la forma en la que las neuronas de tu cerebro se comunican entre sí. Cuando experimentas algo en la realidad, tu cerebro recibe información sensorial y las neuronas se activan de una manera particular para procesar esa información. Sin embargo, cuando imaginas algo o ves algo en la ficción, como una película o un libro, tu cerebro también recibe información y algunas de esas neuronas se activan de manera similar. Brutal, ¿verdad? Es como un *superpower* que puede abrirte mil puertas o amargarte la vida. Te animo a que seas consciente de esta realidad mientras viajamos, para que la uses en tu beneficio.

MAPA DE NUESTRA RUTA

Para que te puedas ubicar en todo momento, te voy a dar un mapa con todos los lugares que vamos a visitar. En cada capítulo aterrizaremos en una parte distinta de tu planeta, donde conoceremos a sus habitantes y pararemos en varios puntos. Cada rincón de tu planeta tiene una pieza de información fundamental para entenderte. El viaje está dividido en dos partes. En la primera vas a aprender sobre las bases del funcionamiento de tu cerebro y tu cuerpo y los fundamentos del apego. Esta base más teórica es clave para realizar este viaje y para que puedas entender la historia de tu niña y tu adolescente, las cuales exploraremos al final de la primera parte. Luego haremos un parón en un lugar muy especial y que te va a preparar para la mitad final del viaje. En esta segunda parte, haremos cinco paradas, cada una más increíble que la anterior, y en donde en cada punto aprenderás ejercicios e información clave para tu proceso de crecimiento.[2]

ANTES DE DESPEGAR

Como tu guía en este viaje, me encantaría que llegáramos a un acuerdo. Seremos un equipo, y como parte de un equipo, ambas vamos a contribuir a que este viaje sea un triunfo. Vamos a colaborar juntas en esta odisea con un objetivo claro: tu propio crecimiento. Es importante que sepas que tu compromiso y colaboración activa son esenciales durante este proceso. Unidas podemos trabajar para identificar esos rincones de tu planeta que aún no conoces del todo, o aquellas zonas a las que, cuando vas, te hacen sentir confusa. Juntas podemos superar tus desafíos. Por eso, me gustaría animarte a que realices este viaje desde la honestidad contigo misma, la apertura y las ganas, para que así podamos llegar lo más lejos posible. ¿Estás de acuerdo? Estupendo. Despeguemos.

2

LA TIERRA DE TUS ANCESTRAS

Tu planeta es muy especial. En él, podemos ser testigos del pasado. Nuestro primer destino es la tierra de tus antepasados, de tus ancestras. Nos dirigimos a tierras lejanas. La naturaleza de lo que eres, de tus emociones, de tus pensamientos, no tiene como origen el día que naciste. Se remonta mucho más atrás. Tu esencia empezó a forjarse hace millones de años. Como dijo Carl Sagan, «somos polvo de estrellas». En estas tierras ancestrales aprenderás cosas importantísimas sobre cómo funciona tu cerebro y tu sistema nervioso, ya que, en gran parte, fue en el tiempo de tus ancestras cuando estos sistemas evolucionaron.

En estas tierras vamos a conocer cosas increíbles, esta parada es un poco más teórica pero indispensable para todo el trabajo contigo misma que harás más adelante en el viaje. Primero aprenderás sobre los mitos del cerebro, luego exploraremos las engañosas creencias actuales sobre las hormonas y los genes. Después vas a entender, por fin, qué son realmente las emociones y para la guinda del pastel, vamos a ir a buscar la verdadera llave de la salud mental.

MITOS DEL CEREBRO: NO TIENES UN CEREBRO REPTILIANO DENTRO DE TU CABEZA

¡Ya hemos llegado a tu planeta! Y estamos en la primera parada: la tierra de tus ancestras. Tus ancestras y tú tenéis un sistema nervioso y un cerebro similares. Pero ¿cómo evolucionó este sistema? Puede que hayas oído antes que tu cerebro está dividido en tres partes: el reptiliano, el límbico y el neocórtex. Esta idea fue propuesta por el neurocientífico y psicólogo estadounidense Paul D. MacLean, quien formuló esta teoría en la década de los sesenta como una forma de explicar la evolución y la estructura del cerebro humano. Y puede que también hayas oído que cada una de estas partes responde a una fase de la evolución del ser humano como especie y que cada una tiene una función concreta. La teoría dice que el cerebro reptiliano es la parte más antigua, la que tenemos en común con los reptiles, nuestra parte más impulsiva e instintiva; luego tenemos el cerebro límbico, que es el que compartimos con los mamíferos, considerado el centro de control de las emociones, y por último el neocórtex, orgullo de muchos, responsable de las funciones cognitivas superiores, nuestra parte racional, la que nos hace humanos. Así, términos como «el cerebro primitivo», «el cerebro emocional» o «el cerebro racional» se usan comúnmente en la psicología popular.

Pues bien. Desde hace ya tiempo, es una teoría obsoleta en el campo de la neurociencia moderna. MacLean tenía algo de razón en cuanto a que diferentes partes tienen diferentes funciones, pero la cosa es mucho más compleja. Ya desde los años setenta y ochenta empezó a haber evidencia científica que apuntaba a que el cerebro de todos los vertebrados consta de las mismas partes básicas. De hecho, la revista *Brain, Behavior and Evolution* en 1992 advirtió a sus autores que evitaran prefijos como paleo-(primitivo) o neo-(nuevo) ya que implicaban una secuencia inválida. Por ejemplo, el neurocientífico Todd M. Preuss, que estudia la evolución del córtex cerebral en hu-

CEREBRO TRIUNO

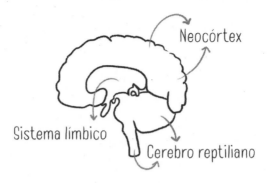

Neocórtex

Sistema límbico

Cerebro reptiliano

manos, descubrió que las ratas tienen zonas equivalentes a la corteza prefrontal. Según la teoría del cerebro triuno, solo los mamíferos superiores (*aka*: tú) tienen corteza prefrontal y, por lo tanto, funciones cognitivas superiores. En otro estudio liderado por Henry H. Yin se demostró que los ganglios basales comúnmente asociados con el cerebro reptiliano presentan funciones propias de los otros cerebros. Además, cuando se propuso la teoría del cerebro triuno no existía la tecnología que tenemos ahora para estudiar las neuronas y los genes y hacer estudios comparativos. A día de hoy, sabemos que los cerebros de muchos vertebrados, como reptiles, ratones y humanos, tienen partes del cerebro con neuronas que son casi idénticas, así como su función. Lo que cambia de una especie a otra es la cantidad de neuronas y su disposición.

Por otra parte, el enfoque evolutivo, por el que se asume que el cerebro de los animales está menos evolucionado que el nuestro, tampoco es correcto. Los animales no evolucionan en línea recta. El biólogo y antropólogo T. H. Huxley fue uno de los primeros en describir la evolución del cerebro de manera lineal del pez al hombre. Pero ahora sabemos que la evolución es más como un árbol, pero con infinitas ramas. Todos los animales tienen un ancestro común, como si fueran primos lejanos. Gran parte de tus primos lejanos, tuvieron un cerebro y vivieron en este planeta ancestral. Aunque tienen las mismas partes básicas en el cerebro, algunas pueden ser más grandes o más pequeñas, dependiendo del animal. Nosotros, muy humildemente, nos creemos que tenemos el cerebro más especial y avanzado de todos, pero esto no es exactamente así. De hecho, los pulpos pueden realizar tareas cognitivas complicadas, como recordar cómo salir de un laberinto o resolver un puzle. Y ello sin tener neocórtex, la parte del cerebro supuestamente encargada de las funciones más complejas. En vez de eso, cuentan con un sistema nervioso digievolucionado con neuronas en sus tentáculos.

Igual que los pulpos, muchos animales tienen sistemas nerviosos complejos. Las termitas, que construyen metanidos subterráneos con sistemas de ventilación y regulación de temperatura, o algunos pájaros, que usan señales geomagnéticas para orientarse, son solo algunos ejemplos. Incluso entre los vertebrados no mamíferos, la complejidad cerebral ha aumentado de manera independiente varias veces. Muchos animales presentan cerebros superinteresantes y complejos, cada uno adaptado a su contexto y su ambiente. No hay cerebro reptiliano en el centro de tu cabeza, ni en la de ningún animal. Bueno, sí, en un tipo: en la de los reptiles. Ni siquiera venimos de los reptiles, sino de un animal llamado sinápsida, perteneciente al grupo de las amniotas, cuyos ancestros eran los tetrápodos. Desde hace décadas sabemos que las actividades del cerebro son el resultado de actividad intrínseca al propio cerebro y él mismo se reorganiza en base a sus necesidades. Es una actividad colectiva que lleva millones de años evolucionando hacia diferentes direcciones. Es cierto que algunas regiones del cerebro están más especializadas en determinadas funciones, pero estas se solapan, se interconectan y además presentan una increíble variabilidad individual.

TU CEREBRO DERECHO NO ES EL CREATIVO NI EL IZQUIERDO, EL RACIONAL

Otra teoría simplista que se ha popularizado muchísimo es la que defiende que el cerebro derecho es el creativo y el izquierdo, el lógico o racional. Nadie sabe el origen exacto de la idea, pero se remonta al menos a los primeros años del siglo XIX. Se empezó a cocer cuando los investigadores comenzaron a observar que los pacientes con lesiones similares en la cabeza presentaban problemas parecidos. Durante el siglo XIX, los neurocientíficos intentaron entender el cerebro dividiéndolo en partes e identificando qué parte del cerebro se ocupaba de qué función. El máximo esplendor de este modelo llega con Joseph Gall y la frenología. Entre 1860 y 1870 aparecieron los términos «área de Broca» y «área Wernicke», los cuales se refieren a dos lugares específicos en el cerebro que procesan el lenguaje. La teoría cogió fuerza con Roger W. Sperry, que recibió un Premio Nobel en 1981 por su trabajo en la lateralización cerebral. Roger, mientras estudiaba a pacientes que habían sufrido daños en el hemisferio izquierdo del cerebro y mostraban dificultades en el lenguaje, observó que estos tenían problemas para hablar y entender palabras. ¿Conclusión?: «el lenguaje está controlado por el hemisferio izquierdo».

Pero en las últimas décadas se ha demostrado que la lateralización y localización de las funciones del cerebro no es como se pensaba. En el caso del lenguaje, por ejemplo, diferentes estudios han demostrado que, a pesar de que el hemisferio izquierdo tiene una influencia dominante, tanto este como el derecho desempeñan un papel importante en la red de la producción del habla. Igualmente sucede con otras muchas funciones, como las emociones o la percepción visual.[3]

Desde el siglo XIX hasta ahora, la neurociencia ha hecho muchos avances y lo que antes se consideraba una realidad ahora se cuestiona o invalida, y esto, justamente es lo que llamamos ciencia: datos que evolucionan y que se van «contradiciendo» en pro del conocimiento. Hay muchísimas preguntas que no podemos responder aún y muchos aspectos sobre cómo funciona el cerebro que todavía no entendemos. Y creo que es importante que digamos eso en voz alta. Trabajar en la línea entre lo conocido y lo desconocido y fallar mil veces en el camino. Eso es ciencia. El problema es que, aunque la ciencia avance, no siempre llega a todo el mundo. Y una prueba de ello es que los mitos del cerebro triuno y del cerebro lógico/racional siguen vivos y coleando.[4]

El cerebro como un todo

El neurocirujano francés Hugues Duffau se dedica a extirpar los tumores cerebrales de sus pacientes con la técnica de la cirugía despierta. Esta técnica consiste en remover el tumor mientras el paciente está consciente y se le van evaluando las diferentes funciones. Su objetivo es conocer cómo funciona el cerebro único de cada uno de sus pacientes para remover la mayor cantidad de tumor, sin tocar partes que sean críticas para realizar funciones importantes para el paciente. Al comprobarlo en sus cirugías, Duffau comenzó a cuestionar el localizacionismo que ha reinado en la neurociencia en los últimos ciento cincuenta años. Algo increíble que Daffau vio en sus pacientes fue que, conforme crecía el tumor en sus cerebros, sus funciones «migraban» a otras áreas. Es decir, el cerebro se reorganizaba a lo largo del tiempo para poder seguir haciendo sus funciones. Esto es extraordinario. Así de plástico y reorganizable es nuestro cerebro. Uno de sus pupilos, el neurocirujano español Jesús Martín-Fernández, propone un modelo con cinco variables (dimensiones del espacio, neuroplasticidad y variabilidad entre individuos) para ubicar funciones cerebrales. En el mismo punto exacto, un tumor en cuatro personas, puede provocar cambios diferentes, moviendo las funciones a áreas distintas en cada uno. Mi abuelo tuvo un tumor cerebral que le extirparon. Me cuesta contarte esto, porque no tuve la mejor relación con él. Mi abuelo cambió con esa operación y creo que no me di cuenta hasta que he escrito este libro. Hasta hace poco, cuando se removía un tumor y el paciente podía hablar y moverse como aparentemente lo había hecho antes, se consideraba un éxito. Pero a nivel emocional, mi abuelo no era el mismo. Yo conocí al segundo abuelo, al de después, no al primero. Duffau y Jesús ayudan a este tipo de pacientes. Y yo se lo agradezco en el alma. Su trabajo está consiguiendo que más abuelos, como el mío, no se pierdan.

Hay estudios maravillosos que exploran la neuroplasticidad y la reorganización cerebral. Una investigación de 2008 demostró que, al taparle los ojos a individuos durante cinco días, sus circuitos visuales comenzaban a procesar información no visual. El cerebro puede reorganizarse con las experiencias en al menos cinco días, lo que permite que el hemisferio derecho asuma funciones del hemisferio izquierdo, y al revés. Imagínate lo que se ha reorganizado a lo largo de millones de años y en miles de especies en estas tierras ancestrales.

Además Duffau, en su libro *L'erreur de Broca* [El error de Broca], cuestiona la famosa área de Broca que supuestamente contiene el lenguaje. En sus operaciones, el francés comprobó que, después de extirpar esta área, sus pacientes seguían hablando. El área de Broca es algo que se sigue enseñando en la mayoría de libros, universidades y formaciones sobre neurociencia a día de hoy. Yo la he estudiado. Pues resulta que no, hermana. Ni el área de Broca, ni el triuno, ni el área de Wernicke. El localizacionismo, como lo hemos conocido hasta ahora, está muriendo. De hecho, la función cerebral, cuanto más compleja, menos localizada.

La metáfora del cerebro plástico sí refleja realmente cómo funciona tu cerebro. Este es como un pedazo de arcilla, listo para ser moldeado y transformado por tus experiencias y aprendizajes. A esto se le llama neuroplasticidad. Conforme vas aprendiendo cosas y desarrollando habilidades, tu cerebro establece nuevas conexiones neuronales y fortalece las ya existentes, reinventándose constantemente. Es capaz de adaptarse, reorganizarse y cambiar en respuesta a las alegrías y a los palos de la vida. Es un órgano increíblemente flexible, capaz de modificar su estructura y función según las circunstancias de cada especie y de cada individuo. Las antiguas teorías localizacionistas de cómo funciona tu cerebro no hacen honor al trabajo en equipo que hay dentro de tu cabecita.

Tu cerebro más que funcionar así:

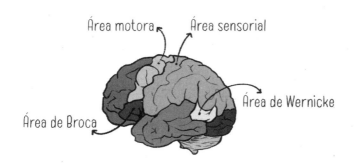

Funciona así:

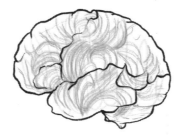

MITOS SOBRE HORMONAS Y GENES

Las «rockstars»: oxitocina, testosterona y cortisol

Otra tendencia de la psicología popular y sus portavoces es simplificar la función de las hormonas o los genes y hacernos pensar que hay una relación de causa-efecto, monocausal, entre ellas y nuestras acciones o emociones. Como la idea de que nuestro sistema emocional se basa en la oxitocina y el cortisol, responsabilizándolas casi de nuestro bienestar emocional. De alguna manera, continúa esa visión simplista de cómo funciona el cuerpo humano. Algunas de las hormonas «estrella» de estos días son el cortisol, la oxitocina y la testosterona.

En el caso de la testosterona, por ejemplo, niveles altos facilitan la cooperación en contextos sociales y la rivalidad en contextos competitivos. Niveles altos de testosterona también promueven la paz si esta ayuda a mantener el estatus y la guerra si mantener el estatus requiere confrontarse. Misma hormona, efectos contrarios. En cuanto al cortisol, altos niveles en situaciones estresantes pueden estar asociados con un deterioro cognitivo, y en otras situaciones, a un mayor rendimiento, atención y enfoque. El exceso de cortisol se relaciona con multitud de enfermedades, pero, por otro lado, la insuficiencia de cortisol se asocia con el trastorno de estrés postraumático (TEPT), fibromialgia, síndrome de fatiga crónica, hipotiroidismo, alergias, asma y otras enfermedades autoinmunes. Y lo mismo sucede con la oxitocina: en relaciones cercanas y familiares, la oxitocina puede fortalecer el amor y la conexión. Pero cuando se trata de personas que consideras «diferentes» o «extrañas», puede fomentar actitudes etnocéntricas y xenófobas. En base a esto no sería una locura pensar que Hitler tenía altos picos de oxitocina cuando pensaba en los planes que tenía para sus enemigos en honor al imperio alemán.

Otros afectados: los genes

La testosterona, el cortisol y la oxitocina (por darte tres ejemplos) afectan de múltiples maneras en el comportamiento y la fisiología, y están influenciadas por múltiples factores. Y al igual que el cerebro, aún no las entendemos del todo. Un importante mediador de todos estos sistemas son los genes, otro aspecto de nuestra biología que se ha entendido bajo la perspectiva monocausal. Durante décadas, diferentes científicos han buscado «el gen que provoca x o y». Pero en lo que respecta a tu comportamiento, cientos de genes entran en juego.

Como explica Robert Sapolsky en su libro *Behave*, los genes no son específicos para una sola condición, sino que están involucrados en redes complejas. Por ejemplo, el gen del transportador de serotonina que se asocia con la depresión también se relaciona con la ansiedad, el TOC o la esquizofrenia. Es decir, este gen forma parte de una red de cientos de genes relacionados con la depresión, pero también pertenece a otra red igualmente grande relacionada con otras condiciones. A esto se le llama poligenética, esto es, la influencia de múltiples genes en la determinación de un rasgo específico. Algo tan importante como los genes son los llamados factores de transcripción (FT). Los factores de transcripción son esenciales porque controlan cuándo, dónde y en qué cantidad se expresan esos genes. ¿Y qué los controla a ellos? El ambiente. Vaya, ya estamos aquí otra vez.

Hablar de genes, al igual que de hormonas o del cerebro, sin tener en cuenta el contexto del individuo y la interconectividad dentro del sistema implica ignorar la verdadera complejidad biológica. Cada una de estas redes de cientos de genes se activan y desactivan con las experiencias. Estos influyen en tu cerebro, hormonas y sistema nervioso, los cuales influyen de vuelta en los genes y también están determinados por las experiencias.

La interacción entre tus sistemas y el ambiente (experiencias) es una ventaja evolutiva. Es como si tu cuerpo (cerebro, sistema nervioso, hormonas, genes) viniese con las instrucciones a medias. Tus redes del cerebro no son fijas, son flexibles y están listas para modificarse según se vaya necesitando. Y precisamente por esto encontramos tanta variabilidad entre individuos. Esto es parte del propio proceso evolutivo, que consiste no solo en pasar tus genes a la siguiente generación, sino en transmitir una información que se ha modificado según tu propia experiencia. Y esos genes serán las instrucciones a medias de un futuro bebé, cuyo cerebro y sistema se irá formando entrelazado con sus experiencias como veremos en nuestra siguiente parada.

Aunque todas estas teorías y creencias (triuno, cerebro racional *vs.* emocional, hormonas y genes simplificados) de las que te acabo de hablar tienen mucho atractivo intuitivo, sería una lástima, y peor aún, perjudicial para la ciencia si sus descripciones simples eclipsaran la interconectada y multifactorial historia de cómo funcionan realmente nuestros sistemas internos. **Esta es la primera idea fundamental en nuestro viaje.** Te sugiero que no reduzcas tus comportamientos a simples fórmulas predecibles o a una causa-efecto. Tu cerebro es una compleja mezcla de influencias y experiencias que lo hacen único y diferente al de cualquier otra persona. Tu cabeza y la psicología popular están llenas de explicaciones simplistas como estas, y la mayoría de las veces son incorrectas. ¡Claro que te son de mucha ayuda! Te ayudan a entender el mundo de una manera sencilla. Pero yo confío en que tú puedes con mucho más. Eres capaz de entender cosas complejas, y salirte de la monocausalidad hacia un universo multifactorial e interconectado. Tu cuerpo es un cúmulo de potenciales, posibilidades, tendencias, conexiones y un sinfín de bucles y rizos que se dan la vuelta sobre sí mismos. Y ¿por qué te cuento todo esto? Porque aunque descubras cosas dolorosas sobre ti y tu pasado en este viaje, tu destino no está escrito. Tu cerebro es flexible y sea cual sea tu realidad presente, tienes la capacidad de construir un mañana diferente. Este viaje lo realizaremos desde esta nueva perspectiva. Ahora sí, estás más lista que nunca para explorarte. Vamos a trabajar con todas estas partes ahora que sabemos cómo funcionan. Con toda esta nueva información y en estas tierras ancestrales vamos a ver lo que son las emociones. Toma nota, que se te van a caer otro par de torres.

Qué son realmente las emociones

Corazón versus *mente. Tus emociones no son impulsos irracionales*

A día de hoy, en general, se mantiene una visión clásica de cómo funcionan las emociones. Desde que Darwin escribió *La expresión de las emociones en el hombre y en los animales* se ha ido fortaleciendo la teoría de que las emociones son universales e innatas. De acuerdo con esta postura, cada emoción se manifiesta en una serie de expresiones faciales, posturas corporales y reacciones fisiológicas del cuerpo, como sudar, la aceleración del corazón o la segregación de hormonas como el cortisol o la oxitocina. Según este enfoque, las ancestras de este planeta tienen respuestas predeterminadas para cada emoción, y tú también. Esta idea asume que las emociones son innatas y universales. En las últimas dos décadas esta visión ha defendido que hay circuitos específicos cerebrales para cada categoría emocional. Desde que nacieron estas teorías, muchos científicos han buscado estos «circuitos emocionales» en sus experimentos durante años. ¿Y sabes qué? No hay pruebas de que existan.

¿Qué son las emociones, entonces? Las emociones son, también, multifactoriales. Es decir, se forman como resultado de diferentes factores.

Factor 1: el afecto

El afecto es un conjunto de sentimientos simples que están contigo todo el tiempo, desde el momento en que naces hasta cuando mueres. Están vinculados a los datos sensoriales que provienen de tu cuerpo. Tu cerebro está recibiendo información constantemente de tu organismo. Párate un segundo. Y siéntelo. Siente el latir de tu corazón, cómo entra el aire, tal vez cierta incomodidad en el estómago. **Esto que acabas de realizar es gracias a la interocepción.** La interocepción es la capacidad que tiene tu organismo de percibir y detectar las señales internas que provienen de tu interior. Es el sentido que te permite ser consciente de las sensaciones y estados internos de tu cuerpo, como la respiración, la frecuencia cardiaca, la temperatura corporal, el hambre, la sed y otras señales fisiológicas. La interocepción es fundamental para mantener el equilibrio y la homeostasis de tu organismo. La homeostasis es el equilibrio interno cuando tu sistema tiene todo lo que necesita, lo cual es clave para mantenerte viva. La función más importante de tu cuerpo humano es continuar latiendo. La homeostasis, mantener niveles óptimos de todo, es esencial para tu supervivencia. Las humanas no somos muy finas en esta tarea de entender nuestras sensaciones corporales. No estás diseñada para sentir y ser consciente de estas sensaciones de una manera específica. En vez de eso, tienes una sensación general de incomodidad. Básicamente, tu cuerpo te pasa resúmenes de cómo está la cosa. Sabes que las cosas están bien o mal, pero no exactamente por qué. De hecho, **la interocepción no ha evolucionado para que tú tengas emociones, sino para regular tu cuerpo.** La evolución te ha dotado de simples afectos o sentimientos. Te sientes bien, no tan bien, agitada, calmada, cómoda o incómoda.

Entendamos esto usando dos ejes. Estos representan de qué manera percibes tus sensaciones internas, tus afec-

EXPERIENCIA INTERNA

tos. En el primer eje tenemos la intensidad (poco activo-muy activo) y en el segundo la valencia (positiva y negativa), que lleva a la atracción o repulsión hacia un estímulo.

Tu cerebro usa esta información para saber qué necesitas. Pero ¿cómo va a conseguir tal tarea con una información tan vaga? Tu cerebro necesita interpretar, dar sentido.

Factor 2: interpretaciones/evaluaciones

Las emociones son construcciones complejas que surgen al dar significado a esas sensaciones de tu cuerpo en relación a lo que está sucediendo a tu alrededor en el mundo.[5] Tu cerebro está todo el tiempo gestionando tu organismo. Es una empresa, una corporación, una organización cuyos empleados son neuronas, músculos, células, órganos, hormonas y miembros. Y el recurso más valioso de tu empresa es la energía; y su objetivo: no morir. Tu sistema nervioso siempre está ajustando la frecuencia cardiaca, cambiando la respiración y modificando el funcionamiento del sistema inmunológico, entre otras mil cosas. Siempre está ajustando, guiando y controlando (homeostasis y alostasis).[6] Para poder hacer esto sin cagarla, tu cerebro necesita interpretar la información sensorial de manera adecuada.

No todas las señales son diagnosticadas por sí mismas. No tienen sentido por sí solas si no se lo damos. Cuando te da un retortijón en el estómago, puede ser que tengas diarrea, amor, ansiedad social o un examen. ¿Qué hace tu cerebro para dar sentido y saber qué te pasa y qué necesitas? Tu cerebro usa el contexto y las experiencias pasadas.

Factor 3: contexto

Recuerda los dos ejes que acabamos de ver, y hagamos un pequeño ejercicio. Piensa en la última vez que te pegaste un buen golpe en la cabeza.

- ¿Qué intensidad, del 1 al 10, sentiste?
- ¿Qué nivel de placer/dolor te dio, del –10 al 10 (valencia)?

Ahora, recrea de nuevo esa cabeza dolorida por ese golpe contra la esquina de la mesa. Pero imagina que, en vez de darte sin querer en la cabeza, fue tu madre la que te dio el golpe por algo que habías hecho. Después responde:

- ¿Qué intensidad, del 1 al 10, sentiste?
- ¿Qué nivel de placer/dolor te dio, del –10 al 10 (valencia)?

Ahora mira a tu ancestra y mira cómo llega su líder, parece que no ha obedecido y le está cayendo un castigo, se está llevando un golpe en la cabeza como tú. ¿Dónde crees que le ha dolido más, en la cabeza física o en su dignidad? Ese dolor en dos dimensiones acaba de tomar una tercera dimensión: el mismo golpe, duele diferente según la situación. El contexto ayuda al cerebro a construir la emoción, a dar sentido. Tu cerebro lo emplea para poder dar sentido a las sensaciones que vienen de tu cuerpo y las cosas que ves de fuera. ¿Y cómo lo hace? Toma ese contexto y lo compara con experiencias pasadas que engloba en conceptos.

Factor 4: experiencias pasadas y conceptos
Tu cerebro está recibiendo información constantemente, no solo desde el interior de tu cuerpo (interocepción), sino también desde fuera (exterocepción), a través de los cinco sentidos: vista, oído, olfato, gusto y tacto. Para poder dar sentido a todo esto, usa conceptos.

Por ejemplo, observa la explanada que tenemos enfrente, donde están las *Homo sapiens*. Cuando tu cerebro empieza a recoger la información de esta imagen, hace lo siguiente:

- ¿Terreno plano? Una explanada.
- ¿Terreno plano con hierba encima? Césped.
- ¿Terreno plano con hierba y animales grandes? Peligro potencial.

Ya hemos visto que una de las cosas más importantes para tu cuerpo es preservar la energía y mantener el equilibrio (homoestais). Es su mayor tesoro. Y el cerebro gasta mucha energía. Los grandes maestros del ajedrez pueden perder aproximadamente cuatro kilos y medio y quemar seis mil calorías solo en una partida, mientras están sentados. Comparar cada recuerdo uno a uno llevaría demasiado tiempo. El cerebro es un órgano caro de utilizar. En vez de eso, tu cabeza usa conceptos. Un concepto es como una versión comprimida de miles de experiencias pasadas. Mira este animal

¿Sabes cuál es? Tu cerebro está intentando averiguarlo comparándolo con otros conceptos que ya conoce. ¿Es un mamífero? ¿Se parece a un pájaro? ¿O a un ratón? ¿O a un murciélago? No sabes cuál es porque está extinto, tu cerebro carece del concepto de este animal. En cambio, sí tiene el de roedor o ave. Cada vez que ves una paloma, tu cerebro no tiene que hacer todo el esfuerzo que acabas de hacer al intentar identificar el animal de la imagen. Directamente sabe que es una paloma. Los conceptos ayudan a tu cerebro a ser más eficiente y usar menos energía (la energía son los dineros de tu cuerpo).

Vamos a hacerlo otra vez. Observa la siguiente imagen:

En este mismo momento tu cerebro está a tope de nuevo. Y más aún que antes, porque no entiende nada. Tus neuronas están activas y disparando para todos lados intentando descifrar qué narices hay dentro de esa imagen, intentando ver más que un montón de manchas. Tu cerebro está intentando adivinar qué tienes delante comparándolo con toda una vida de información. Espera, que te ayudo: ve a la página siguiente y luego vuelve.

Ahora tu cerebro tiene un nuevo conocimiento y puede usarlo para experimentar las manchas de otra manera. Ahora sí ves algo. Aunque lo único que ha cambiado es el conocimiento en tu cabeza. Tanto el bicho ancestral volador como la mujer se almacenan como nueva información en tu cerebro. Tu mente usa ese nuevo conocimiento para entender la realidad que le rodea y, además, a partir de ahora, puede seguir usando esa información en el futuro.

Los conceptos son como categorías o etiquetas que tu cerebro usa para darle sentido a todo lo que te rodea. Cuando tu cerebro ve algo nuevo piensa ¿qué es esto? ¿A qué se parece? Tu cabeza pone todo lo que ves en categorías, ya que es más efectivo. Algo parecido haces en tu ordenador o teléfono. Imagínate el agobio de tener cada documento o foto de tu móvil en la pantalla principal. **Categorizar supone ahorrar energía.**

¿Qué hace el cerebro con todas esas experiencias pasadas que almacena en categorías? Predice lo que va a pasar.

Factor 5: las emociones son predicciones

El cerebro tiene un superpoder: en vez de analizar y percibir cada bit de información con el que se encuentra, lo predice. Este proceso no se limita solo a los seres humanos, incluso los organismos unicelulares participan en el aprendizaje estadístico y la predicción. Tu cerebro usa la información que ha recogido de tus sentidos y experiencias anteriores, y la interpreta y almacena en categorías; después, con toda esta información, junto con los estímulos internos, crea la realidad. Cuando viví en Australia uno de mis mejores amigos era daltónico. El pobre odiaba los semáforos. En uno de los viajes que hicimos, fuimos al National Park de Karijini. Con piscinas naturales y piedras rojas. Un lugar superperdido a ocho horas en coche de la siguiente parada. Yo flipaba con los colores y a él le costaba verlos, después del palizón que nos pegamos para llegar hasta allí. Él conocía muy bien su condición. Me contaba que el rojo no es una característica objetiva del objeto en sí, sino el resultado de un proceso perceptual en el cerebro. La retina de tus ojos contiene células especializadas llamadas conos que son sensibles a diferentes longitudes de onda de la luz que reflejan los objetos a los que miras. Cuando la luz llega a tu retina, estas células capturan la información. Luego, la envían al cerebro, que lo procesa e **interpreta**. El cerebro utiliza esta información para crear tu experiencia del color rojo. Si tuviéramos otro tipo de conos, veríamos cosas distintas, como los daltónicos. Sin tus conos, el rojo no existe. El mundo no está ahí fuera y tú lo recibes tal cual; en parte, tu mente lo crea. Esto suena a magia, pero no lo es, sino que sirve a un propósito más grande. El sistema nervioso es un sistema que procesa la información en línea con dos objetivos: ahorrar energía y mantener el equilibrio interno. La misión que compartes con todas tus ancestras. Y es que, lo que crees que es la realidad, en verdad es una constante predicción de tu cerebro, y esto es eficiente a nivel de costo metabólico. Pasa justo lo mismo con las emociones. Estas, en parte, son formas en las que tu cerebro organiza y comprende tus experiencias. En lugar de ser respuestas automáticas y universales, las emociones son construcciones mentales que se basan en nuestras sensaciones y experiencias pasadas. Son rápidas y en gran parte inconscientes y no están separadas de los procesos cognitivos. Es decir, no hay separación entre «mente» y «emoción».

El cerebro predictor es algo fascinante. Daniel Stern (1977) hizo un análisis imagen a imagen de una pelea de boxeo entre Mohamed Alí y Karl Mildenberger y encontró que el 53 por ciento de los golpes de Alí y el 36 por ciento de los de Mildenberger eran más rápidos que el tiempo de reacción visual (180 milisegundos). Ambos boxeadores estaban prediciendo o intentando predecir el comportamiento de su oponente constantemente. Stern pensó que un golpe eficaz significaba descodificar y predecir la secuencia del rival. Esto es solo un ejemplo de lo que es capaz de hacer tu cerebro, sin que ni siquiera seas consciente. En tu cabeza, se producen millones de predicciones, muy rápidas, y son una mezcla de todo lo que has vivido y la información que ha recibido tu cerebro durante tu vida. Es como la inteligencia artificial, como el algoritmo de ChatGPT. Se alimenta y se alimenta de información. Y escupe predicciones.

A pesar de que gran parte de este procesamiento es inconsciente, también puedes ser consciente de algunas de tus predicciones. Por ejemplo, cuando conoces a alguien nuevo, tu cerebro predice qué va a pasar. Si te has llevado muchos golpes en las relaciones anteriores, tu mente va a predecir golpes. Si las relaciones han sido un lugar seguro para ti, tu cerebro predecirá seguridad. Pronosticar el peligro ha sido algo muy funcional en estas tierras ancestrales. En este mundo de las *sapiens*, en cualquier momento se te puede merendar un depredador, te puedes tropezar y sufrir una herida y morirte de la infección o caerte por un barranco. Si tus ancestras no están lo suficientemente alerta a las señales de peligro, podrían decirle adiós a la vida sin querer. Su cerebro está desarrollando una inclinación natural hacia la negatividad, en que prioriza la detección del peligro para salvar el pellejo. Esto es algo que tú has heredado. Y se llama sesgo de negatividad. Tu cerebro procesa de manera más intensa y recuerda más las emociones negativas, lo cual puede influir en cómo te relacionas con el mundo que te rodea.

Puede que en este punto estés llegando a la conclusión de que, si tú construyes tus emociones, entonces puedes cambiar tu mundo con tu cabeza con solo pensarlo.

No del todo.

Tú eres tus predicciones, pero no eliges tus predicciones. No tienes control directo sobre las predicciones que tu cerebro genera. Esas predicciones son el resultado de una mezcla entre todo lo que has vivido, toda la tele que has visto, las frases de tu madre, las miradas de tus compañeros de clase, tus amores, desamores, traumas, alegrías, las redes sociales y cada uno de los bits de información que ha registrado tu cerebro a lo largo de tu existencia, que además lo ha hecho de manera subjetiva (esto es clave).

Tampoco hay que confundir «tus emociones son creadas por tu mente de manera inconsciente» con «tú puedes cambiar lo que pasa fuera en el mundo con tu mente». Nada que ver. El hecho de que sea tu cerebro el que construye tu realidad de manera inconsciente no es sinónimo de que tú tienes capacidad para cambiar tu mundo exterior de manera directa. Para nada. Echa el freno, Gandalf. Lo que puedes cambiar es tu realidad interna y tus percepciones, no el mundo externo. Me he encontrado a muchos gurús vendiendo lo segundo, para lo cual se ha hallado esta cantidad de evidencia científica: cero.

Para cambiar tu mundo interno, tendrías que modificar toda la información que tu cerebro ha procesado hasta ahora. Todos los traumas que has vivido de pequeña. Todos los libros, las pelis, los programas, las aventuras con tus amigos, las frases de tu familia. Las predicciones salen de ahí. Son rápidas e inconscientes. Milisegundos.

Aunque, no me entiendas mal: a pesar de que sean construidas, son reales, mucho. Un tortazo en la cara *versus* un tortazo mientras tienes sexo se siente distinto. Tu cerebro está interpretando y construyendo la experiencia del sopapo. Pero es un sopapo, y es real. ¿Me entiendes? Y esa construcción te ayuda a sobrevivir, a saber si te lanzas al orgasmo, si sales corriendo, si pones límites o si pegas el golpe de vuelta.

Lo que sí es potente de todo esto es que hay una parte de tu experiencia emocional que depende de cómo interpretas la realidad. Del sentido que le das a las cosas, el consciente y el inconsciente. Y ahí podemos trabajar. Hermana, esta es una de las cosas para las que hemos venido a tu planeta. **A reinterpretar**. A reescribir tu data. Porque toda la data que tienes en tu cabeza es subjetiva y puedes experimentarla desde muchos ángulos. Esto es algo muy interesante. Tu cerebro recoge las experiencias pasadas, pero siempre de una manera subjetiva. Por ejemplo:

- Hecho objetivo: llovió durante toda la tarde.
- Hecho subjetivo: llovió durante toda la tarde y se me jodió el día. ¡Lo que no me pase a mí no le pasa a nadie!
- Hecho objetivo: mi amigo no me respondió al mensaje.
- Hecho subjetivo: mi amigo no me respondió al mensaje. Seguro que no soy tan importante y que tiene otras cosas mejores que yo; la gente siempre me deja para el final. Si les importase más, no lo harían.

En tu cabeza todas estas narrativas crean tu realidad y te ayudan a predecir. La cosa es que muchas de ellas no son ciertas. En este viaje voy a ayudarte a revaluar tu propia historia. Reinterpretar lleva su tiempo, pero se puede. Y hay otra cosa muy potente que vamos a hacer. Imagínate que todas las experiencias que has vivido están en un disco duro en tu cerebro. No puedes cambiar mucha de la información que ha entrado en él hasta ahora, pero sí puedes decidir qué tipo de información vas a meter en tu disco duro **a partir de ahora**. Donde pongas tu atención va a determinar el tipo de contenido sobre el cual construyes los conceptos. En esto hay mucho *power*. Y es también donde empieza parte de tu responsabilidad. Es tu responsabilidad asegurarte de que la información que entra en tu disco duro desde ahora en adelante tiene valor para ti.

Entender cómo funciona tu cerebro y tu experiencia emocional te va a ayudar a poder sacarle a este viaje todo su jugo. Y ahora, nos queda un último lugar que visitar en estas tierras. Vamos, juntas, a encontrar una llave.

LA VERDADERA LLAVE DE LA SALUD MENTAL

El sistema nervioso tiene un papel central en todo lo que estamos hablando. Compuesto por el cerebro, la médula espinal, los ganglios, nervios, etc., este sistema se desarrolló en la era de los cazadores-recolectores. Precisamente en esta zona de tu planeta. Esto representa el 99,8 por ciento de nuestro tiempo en la Tierra. Es decir, tu sistema nervioso de la década de 2020 está diseñado para lo que pasaba en el año 70000 a.C. Algo desfasado, sinceramente.

El sistema nervioso está compuesto por una gran cantidad de estructuras, que varían en su tamaño y función. ¿Cuántas? Pues depende de quién las divida. No hay una cifra oficial. Por ejemplo, Harvard tiene un atlas con las «top 100 estructuras cerebrales», tan solo para el cerebro. Sí, sí. Top 100. Cada vez que he intentado investigar y profundizar en este tema para poder contaros las partes del cerebro con un buen dibujito sencillo, me he acabado encontrando con el mismo dilema. Como ya has visto antes, las cosas están cambiando, la tecnología está ayudando a los neurocientíficos a darse cuenta de que las categorías tradicionales de funciones mentales no se corresponden de manera precisa con determinadas estructuras del cerebro. Hay una nueva ola en la neurociencia moderna que ha venido a revolucionar el campo. Yo me subo a la ola. Por ello, no te voy a hablar de partes del cerebro concretas, sino de procesos o funciones.

Como ya sabes, la función principal de tu sistema nervioso es mantener el equilibrio y la energía. Y para eso está constantemente regulándose. Recuerda que para **poder** sobrevivir **tu cuerpo funciona** como una empresa que está todo el rato usando y ajustando recursos. Tu cuerpo se regula moviendo la energía necesaria para activar un plan de acción con el objetivo de conseguir una meta determinada. Por ejemplo, si estás deshidratada, tu organismo manda señales a tu sistema nervioso y este hace los ajustes necesarios (cortisol, glucosa, oxígeno) que preparan tu cuerpo para que te lance señales de deshidratación y alcances el vaso. Otro ejemplo sería cuando alguien te grita. Tu organismo manda señales a tu sistema nervioso y este hace los ajustes necesarios que preparan tu cuerpo y tu mente para poner un límite y protegerte. Ya has visto que tus sentidos reciben información tanto de fuera como de dentro. Tu cuerpo evalúa la situación, movilizando recursos internos y externos preparándote para la acción, si es necesario.

CICLO DEL ESTRÉS

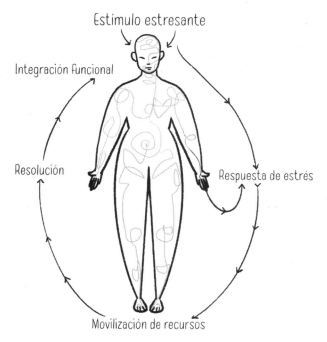

Estímulo estresante

Integración funcional

Resolución

Respuesta de estrés

Movilización de recursos

Usemos el ciclo del estrés para entender esto:

1. Aparece un estímulo estresante (boca seca, gritos).
2. El cuerpo lo recibe y hace su truco de magia para darle sentido, interpretar y predecir, y activa una respuesta a ese estresor (tengo sed, esto no me gusta y se están sobrepasando mis límites).
3. Se empiezan a movilizar recursos (hormonas, oxígeno, azúcar) para llevar a cabo la respuesta (el cuerpo se prepara para moverse y activarse).

4. Se responde de manera óptima y la respuesta al estrés baja (bebo, pongo el límite).

5. Y por último, y esta fase es superimportante, la mente procesa la experiencia y **la integra** en la memoria y la narrativa personal de manera consciente o inconsciente (cuando tengo sed puedo beber agua, puedo poner límites y cuidar de mí).

Cada paso es clave. Verás durante este viaje qué pasa cuando alguno de estos pasos no funciona. En general, cuando somos capaces de realizar este ciclo entero tenemos una mayor tendencia a ser resilientes y a experimentar estrés en vez de trauma.

El estrés es la palabra que usamos para hablar de la respuesta fisiológica y psicológica del cuerpo ante situaciones que percibe como amenazantes o desafiantes. El estrés (activación) no sucede solo en situaciones negativas. El estrés también tiene lugar en situaciones que se perciben como positivas. Por ejemplo, un viaje, el nacimiento de un hijo o un ascenso. En investigación, al estrés positivo se le llama «estrés bueno» o «eustrés». Durante este viaje usaremos «estrés» para referirnos a ambos. Es decir, lo emplearemos como sinónimo de «activación del sistema nervioso», en general. El aspecto esencial es que el cuerpo está activado. La clave está en el coste. El estrés se da cuando te enfrentas a eventos que son metabólicamente caros para tu cuerpo. Un estresor es un estímulo, real o percibido, que tiende a perturbar el equilibrio (homeostasis). Cuando el cuerpo se activa ante situaciones desafiantes, es una buena señal. El estrés es muy importante en tu supervivencia. Esta movilización de energía es precisamente lo que necesitas para enfrentarte a lo que sea que esté viniendo. Hay un abanico de respuestas que pones en marcha en situaciones de estrés. A priori, asumimos que toda respuesta o estrategia es funcional. Es decir, tiene una función. La cuestión es si una determinada respuesta, además de funcional, es sostenible y efectiva. Por ejemplo, evitar el conflicto es funcional en tanto en cuanto cumple un objetivo: evitar sentirte mal. Esto es una estrategia de regulación, que tiene como objetivo que manejes tu malestar interno a un nivel que te sea tolerable. Pero la mejor estrategia es la que es sostenible y está en línea con tus objetivos. Si tu objetivo es entender a tu pareja y crecer juntos, ¿evitar el conflicto te resulta funcional? No.

Las estrategias no son funcionales o disfuncionales por sí mismas. La misma estrategia puede ser funcional en un contexto y disfuncional en otro. Así, es útil evitar una pelea (conflicto) que está a punto de empezar entre dos personas que no conoces en un bar, pero no evitar el conflicto con tu pareja. **El objetivo es que seas capaz de activar la estrategia adecuada en un momento determinado.** El estado de tu salud mental está representado por la adaptabilidad, la flexibilidad y la estabilidad de tu sistema nervioso a lo largo del tiempo. Tu estado fisiológico se traduce en tu historia psicológica.

Resumamos lo que hemos visto usando cuatro conceptos claves para entender el ciclo del estrés. Primero la tendencia natural de tu cuerpo a buscar el estado de equilibrio, es decir, la **regulación**. Segundo, las **estrategias** que activas para regularte o enfrentarte al estrés. Tercero, la **funcionalidad** de las estrategias. Y cuarto, **la sostenibilidad** de una estrategia en el tiempo.

Las tres estrategias más conocidas de enfrentamiento son la lucha, la huida y la congelación. Últimamente también se habla de la complacencia. Estas son muy típicas entre los animales y las *sapiens* de estas tierras. Pero hay muchas más. Nuestro objetivo es que desarrolles el mayor número de estrategias para regularte y las actives en el contexto adecuado. Voy a ayudarte a que amplíes el abanico de respuestas. Cada experiencia que vives o concepto que aprendes tiene la capacidad de cambiar la función de tu cerebro en el futuro y la manera en la que respondes. De hecho, mientras hacemos este viaje, **estás reprogramando tu cerebro**. Con el tiempo, esta acumulación de cambios puede darte la flexibilidad necesaria para gestionarte a ti misma y a tus relaciones. Si consigues esto habrás cumplido la misión más importante que tiene tu cuerpo: regularse. Habrás roto con generaciones de desregulación. Serás reina de tu planeta y de tu sistema nervioso. Esta es la base para vivir a gusto, hermana. ¿Empezaste este viaje buscando la llave de la salud mental?

Aquí la tienes: **regular tu sistema nervioso de manera sostenible.**

Imagina que tienes miedo al abandono. Tu pareja se va de fiesta y llega más tarde de lo que te ha dicho. Estrés. Empiezas a pensar y a tener *flashbacks* de situaciones similares. Comienzas a imaginarte lo peor. Tu cuerpo se hiperactiva. Se te encoge el estómago, te tensas. Tu cuerpo quiere regularse y salir de la situación de estrés. ¿Qué harías? ¿Le llamas? ¿Le escribes a una amiga? ¿Respiras? ¿Rumias? ¿Le miras el Insta? ¿Comes? ¿Te muerdes las uñas?

En la vida real es posible que varias de estas respuestas se activen a la vez. ¿Cuál es el objetivo de todas ellas? Regularte. Quieres salir de ese estado de ansiedad. Deseas sentirte tranquila otra vez. Segura. Tómate un segundo y reflexiona sobre las cosas que haces para sentirte segura en tu cuerpo (regularte). ¿Qué patrones repites? ¿Qué usas para regularte y volver a la calma? Si te cuesta contestar, vayamos al inicio, hermana. Permíteme acompañarte en esta travesía a entender la historia de tu regulación.

3

EL VALLE DE LOS BEBÉS

Para entender la historia de tu regulación, vayamos de viaje al origen de tu vida. Y ese origen lo vamos a encontrar en el valle de los bebés, esta es nuestra segunda parada. Vaya momento más especial. La tierra de los bebés es un lugar bastante intenso. La mitad de sus habitantes está llorando, la otra mitad tiene hambre o se acaba de cagar. Un sitio curioso, la verdad. También hay adultos. En estas tierras hay roles muy marcados, y esto ha determinado cómo los bebés se han enfrentado a la vida de adultos a lo largo de la historia. Tal y como lo hiciste tú. Afortunadamente, esto está empezando a cambiar.

Aunque, a simple vista, en esta parte de tu planeta veas a mil madres con mil bebés que parecen iguales, no lo son. Cada una se relaciona con su crío de forma diferente. Si las observas durante mucho tiempo, te darás cuenta de que siguen unos patrones. Yo llevo viniendo por aquí varias décadas, y otros humanos, también psicólogos, mucho más. Uno de los primeros en venir con el objetivo de observar y entender a estas madres fue John Bowlby. Él es el padre de las teorías de apego y realizó sus estudios basándose en la observación de los patrones de comportamiento en niños pequeños que habían sido separados de sus padres, fuese por una guerra, enfermedad o muerte de estos.

En estos valles también realizaremos diferentes paradas. Para empezar caminaremos para explorar los célebres estilos de apego. Luego iremos a la profundidad del valle, más allá aún de los estilos de apego porque, hermana, con estos nos quedamos cortas. Y por último, ¡vamos a ir a visitarte a ti de bebé!

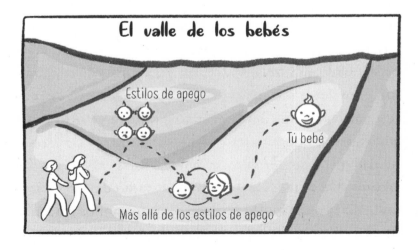

El valle de los bebés

Estilos de apego

Tú bebé

Más allá de los estilos de apego

LOS ESTILOS DE APEGO

Cuando Bowlby estudió a esos niños que habían sido separados de los padres, observó que no habían establecido un vínculo seguro con las cuidadoras en los lugares de acogida. Estos niños eran más propensos a tener comportamientos problemáticos y a presentar dificultades en las relaciones. También estudió muchos casos de bebés que fueron separados de sus madres durante la Segunda Guerra Mundial. De nuevo, estos niños padecían más dificultades. En cuanto a las niñas y niños que fueron separados de sus madres por enfermedad, y a los cuales mandaron a hospitales durante largas temporadas, observó que, durante su estancia, desarrollaban apego a las cuidadoras hospitalarias. En general, las niñas que tuvieron un cuidador o cuidadora con una atención completa desarrollaban apego seguro, y aquellas que solo recibían los cuidados básicos (comida, limpieza), un apego inseguro.

Bowlby empezó a demostrar y escribir sobre las evidencias y la importancia que tiene para los bebés satisfacer la necesidad de desarrollar vínculos afectivos con sus cuidadores y que, cuando esto no sucede, hay más probabilidad de tener problemas emocionales y sociales de adultos. De hecho, en un popular estudio de 1958, Harlow y Zimmermann estudiaron a varios monos (práctica ilegal a día de hoy), los separaron de sus madres y los colocaron en jaulas con dos «madres» artificiales que representaban la figura de apego, una hecha de alambre que tenía comida y otra cubierta de tela, sin comida. Los simios buscaban consuelo y seguridad en la figura de apego de tela, aunque esta no les daba de comer; iban a la de alambre, comían rápidamente y volvían a agarrarse a la de tela. Esto demuestra, en parte, la importancia de una figura cálida de apego que nos dé seguridad, incluso por encima del alimento.

Como ya vimos, el cerebro humano se desarrolló en la era de los cazadores-recolectores. Para un niño, en esos tiempos, estar a salvo de los depredadores significaba estar pegado a un adulto todo el tiempo. Incluso perder contacto por un segundo con un adulto podía ser fatal, ya que un depredador podía comerse a un niño en un abrir y cerrar de ojos. Así que el miedo se arraigó en los niños como una respuesta natural a la separación de un adulto del cual dependía su vida, literalmente.

La necesidad de apego va tan por encima de todo que, incluso en relaciones abusivas o negligentes, prevalece. Por ejemplo, en ratitas jóvenes, hasta las cosas que normalmente no les gustan se vuelven placenteras cuando están relacionadas con su madre. Así, un olor desagradable (anteriormente asociado a un shock) acaba tomando un carácter positivo si está relacionado con la madre. Como demostraron Sullivan y su equipo en varios estudios, el apego de los bebés a su cuidador está diseñado para asegurarse de que conecten con esa figura, sin importar la calidad de su atención o la existencia de estímulos desagradables en torno a la madre. Es decir, aunque mamá sea fuente de incomodidad o dolor, el apego persiste.

La verdad es que Bowlby fue un psicólogo excepcional, hizo un trabajo muy potente y fue uno de los primeros en prestar atención a este tema. Lo maravilloso es, que después de él, vinieron muchos más, y fueron profundizando en esta cuestión. John Bowlby trabajó mucho con Mary Ainsworth, otra genia. Juntos diseñaron una prueba para poder clasificar a estos niños: la Strange Situation (*situación extraña*). Esta prueba ha sido un referente desde que se empezaron a estudiar los estilos de apego. Separaban a las niñas y niños de sus madres para, luego, introducir a una persona desconocida en la situación. Después observaban la reacción de los críos. Los resultados del estudio permitieron clasificar los diferentes patrones de apego en tres estilos principales:

1. Bebés con estilo de apego seguro.
2. Bebés con estilo de apego evitativo.
3. Bebés con estilo de apego ambivalente (o lo que se conoce como ansioso).

Pero hubo un número de bebés que no encajaba en ninguna de estas categorías, a los que se categorizó como CC («Can't Categorize», «no se puede categorizar»). Con lo que, más tarde Salomon y colaboradores, añadieron la cuarta categoría de apego desorganizado que se definió como los bebés que presentan un comportamiento inconsistente o contradictorio en el que la niña o niño parecen desorientados ante la presencia del cuidador.

SISTEMA EXPLORATORIO *VERSUS* SISTEMA DE APEGO

Antes de comenzar de lleno con los estilos de apego, te explicaré dos conceptos importantes para entender esta teoría: el de sistema exploratorio y el de sistema de apego. Ambos representan necesidades básicas en los seres humanos. La necesidad de exploración y la necesidad de apego y seguridad.

El sistema exploratorio es la motivación que te impulsa a explorar tu entorno, buscar nuevas experiencias y aprender. Este sistema se activa cuando te sientes segura y confiada, lo que te permite lanzarte a la piscina de la vida y descubrir el mundo que te rodea, metiendo el dedo en los enchufes, intentando tirarte de cualquier escalera y metiéndote en la boca todo lo que se cruza por tu camino. Este sistema es superimportante, ya que te ayuda a desarrollar tu autonomía, la curiosidad y la búsqueda de nuevas oportunidades.

Por otro lado, el sistema de apego se refiere a la necesidad fundamental que tienes, y todas tenemos, de establecer vínculos emocionales seguros con figuras de apego.

Esto, como hemos visto, es clave para tu supervivencia y fue esencial para la supervivencia de la especie. Estas figuras de apego suelen ser tus padres, aunque también pueden ser otros cuidadores que estuvieran presentes en tu infancia. De adulta, estas figuras de apego pueden ser parejas u otras personas importantes en tu vida. El sistema de apego se activa cuando te sientes amenazada o necesitas apoyo emocional, lo que te lleva a buscar la proximidad y el consuelo de aquellos con los que te sientes segura. ¿Sabes cuándo fue la primera vez que te sentiste amenazada? Cuando saliste del interior de tu madre.

Algo interesante es que estos dos sistemas están muy interrelacionados y se influyen mutuamente. Cuando hay una base sólida de seguridad y confianza, esto supone un lugar estable desde el cual explorar el mundo de manera más independiente. Y, a la vez, este aprendizaje y exploración potencia el desarrollo de habilidades que fortalecen tus vínculos y relaciones. Todos los bebés que ves aquí están activando y desactivando constantemente estos dos sistemas. Están conectados con sus figuras de apego y, al mismo tiempo, se les cae la baba con cualquier ruido y color nuevo. Están flipando con el mundo y gravitan en torno a las experiencias nuevas que se les presentan y, a la vez, están buscando conexión, consuelo y seguridad en sus mamis, papis u otros cuidadores.

El cerebro predictor del bebé

Nacemos con una tendencia innata a apegarnos a nuestros cuidadores y a explorar el mundo. Y, además, acumulamos data mientras lo hacemos. Nuestro cerebro predictor nace con una habilidad fundamental para aprender de las regularidades y probabilidades en nuestro entorno. Tenemos una capacidad de aprendizaje estadístico que nos moldea la mente y va formando los conceptos que tendremos como adultas. Los bebés son expertos en aprender patrones y regularidades a su alrededor. Este proceso modifica la estructura de sus cerebros. A través del aprendizaje estadístico, los bebés adaptan su modelo mental del mundo para que sea similar al de sus cuidadores. Cada interacción con estos contribuye a la formación de conceptos en la mente del bebé. El aprendizaje y la actualización constante de conceptos son esenciales para que su cerebro se adapte a un entorno en constante cambio. Ahora vas a entender los diferentes estilos de apego a través de estos bebés y su manera de integrar la información.

Apego seguro

Mira a esa madre de allí. ¿Ves cómo está conectada con su bebé? Cuando llora, ella lo mira y la consuela. La madre corregula al bebé. La madre esta entonada con el estado emocional interno del bebé. Ella es capaz de autorregularse y regular al bebé. Estas interacciones están sentando las bases de un apego seguro para esa niña. Hay regularidad, consistencia y conexión. El apego seguro se desarrolla, en parte, como resultado de una respuesta materna consistente y sensible. Esto lleva a la bebé a predecir seguridad y estabilidad en las relaciones. Las bebés con un apego seguro se sienten cómodas al buscar la proximidad y el contacto con su madre cuando necesitan seguridad o consuelo. Esta bebé confía en su madre y está desarrollando una base sólida para explorar y relacionarse con el mundo.

La bebé está formando un modelo de mundo con las siguientes predicciones:*

- Las relaciones son un sitio seguro. ✔
- Mamá/papá me corregula. ✔
- Mamá/papá me consuela. ✔
- Puedo explorar y sentirme segura. ✔
- Mamá/papá se desregula cuando me desregulo, no siempre me puede corregular. ✘
- Mamá/papá se desconecta cuando me desregulo, no siempre me puede corregular. ✘
- Tengo capacidad para autorregularme. ✔

---

* La «v» significa que esa predicción está presente en el modelo de mundo del bebé. La «x» significa que esa predicción no está presente en el modelo de mundo.

Esta bebé está recibiendo el mensaje de «siempre estoy aquí, te corregulo, te veo». Sus cuidadores le dan espacio y apoyo para poder experimentar plenamente sus emociones. Esta bebé cuando, sea adulta, probablemente valorará las relaciones y su importancia, pero, a la vez, será relativamente independiente. Esta bebé de adulta predecirá seguridad en las relaciones, se sentirá cómoda con la cercanía, podrá depender de los demás y no anticipará abandono o ruptura sin que haya una amenaza real. Un mito en torno al apego seguro es que las personas que lo tienen no tienen miedo, saben poner límites y respetarlos, y siempre están felices.

APEGO EVITATIVO

Ahora observa a esa bebé de tu derecha. Cuando está angustiada, su madre no sabe bien cómo regularse a sí misma ni a su bebé, no sabe cómo gestionarlo. La coge menos y a veces le deja llorar. No siempre está presente. Esta madre tiene dificultades para tolerar las reacciones de su bebé. Le es difícil regularla e intenta conectarse con ella cuando la bebé no está disponible, como cuando la madre intenta activar al bebé cantándole y moviéndole en un momento en el que no quiere. La mamá tiende a estar desregulada o desconectada. La madre no está entonada con el estado emocional interno del bebé. Su hija probablemente desarrollará un apego evitativo.

El apego evitativo es resultado de un rechazo y negligencia consistentes por parte de la figura de apego principal. Este rechazo no siempre es superexplícito ni intencional. Cuando el instinto de esta bebé es buscar proximidad y protección cuando está angustiada, en ocasiones esto frustra a la madre y la lleva a distanciarse. Puede que estas madres estén distantes porque tienen que cuidar a otro hermano o persona enferma, trabajan fuera mucho tiempo o ellas mismas padecen problemas de salud. Esta bebé está aprendiendo a suprimir su necesidad de apego para recibir un cuidado menor y autorregularse ella misma. En el caso de bebés con este estilo de apego, sus padres tienden a calmarles el llanto con menos frecuencia y a sostenerlos menos durante los primeros meses de vida. Tampoco corregulan a sus bebés a través de expresiones faciales y la voz. Esto hace que pasen tiempo desregulados, por lo que tenderán a mostrar una mayor independencia y resistencia a buscar consuelo o cercanía emocional.

Esta bebé está formando un modelo de mundo con las siguientes predicciones:

- Las relaciones son un sitio seguro. ✗
- Mamá/papá me corregula. ✗ ✔ (a veces)
- Mamá/papá me consuela. ✗ ✔ (a veces)

- Puedo explorar y sentirme segura. ✔ ✘
- Mamá/papá se desregula cuando me desregulo, no siempre me puede corregular. ✔
- Mamá/papá se desconecta cuando me desregulo, no siempre me puede corregular. ✔
- Capacidad para autorregularse. ✔

En esencia, a esta bebé su mamá le transmite el mensaje «no siempre estoy disponible para ti, ni física ni emocionalmente, tú no eres siempre la prioridad». Si una madre no está disponible emocionalmente, tiene menos capacidad para ofrecer corregulación y el sistema nervioso de esta bebé entra en modo protección. Este estilo de apego, en adultas, se denomina *dismissive o evasivo*. En el futuro, esta bebé puede que se desconecte de su mundo emocional y tienda más a racionalizar. Es posible que aprenda a bajarle el volumen a sus emociones y sea más «mental» para sobrevivir. Al haber estado desconectada de la información emocional durante gran parte de su vida, le cuesta predecir a los demás emocionalmente. Esto probablemente la agobiará y la llevará a evitar estas situaciones, repitiéndose y fortaleciéndose el patrón de desconexión emocional. En estas adultas puede que falle la capacidad de afecto.

APEGO ANSIOSO

Mira a esa otra bebé de más allá. Cuando llora, su madre le pone más atención y se angustia; su bebé la desregula en vez de regular ella al bebé. Esta madre se abruma con las emociones de su niña. Tiende a ser excesivamente receptiva, pero no siempre consigue calmar a la bebé. Esta madre tiene dificultad para desconectarse de la niña, incluso cuando está explorando. Además, está preocupada y ansiosa acerca de la disponibilidad de su bebé y puede interpretar cualquier separación como una amenaza. La bebé, probablemente, desarrollará un apego ansioso.

Las bebés que experimentan inconsistencia en respuesta de sus padres ante sus necesidades y que acaban sobreinvolucradas en el estado mental de sus cuidadores pueden desarrollar un apego ansioso. El estado mental de la madre o su propio pasado se enreda en la interacción con la bebé. Esta bebé se pone más ansiosa y preocupada cuando su madre se separa de ella, y también es más exigente y demandante. También tiende a explorar menos sola. Ha experimentado respuestas inconsistentes, impredecibles o inefectivas a sus necesidades en el pasado, lo que la lleva a preocuparse y predecir que esto puede volver a pasar.

La bebé está formando un modelo de mundo con las siguientes predicciones:

- Las relaciones son un sitio seguro. ✗
- Mamá/papá me corregula. ✗ ✔ (a veces)
- Mamá/papá me consuela. ✗ ✔ (a veces)
- Puedo explorar y sentirme segura. ✗
- Mamá/papá se desregula cuando me desregulo, no siempre me puede corregular. ✔
- Mamá/papá se desconecta cuando me desregulo, no siempre me puede corregular. ✗
- Capacidad para autorregularse. ✗

El mensaje que está recibiendo está bebé es «no siempre te puedo corregular, no tengo la atención en ti, me preocupas o estoy desregulada». La cría tiene preocupación en torno a su figura de apego. Predice inseguridad e inconsistencia en las interacciones. Este estilo de apego, en adultos, se conoce como «preocupado». Puede que esta bebé, de adulta, tienda a adivinar las señales emocionales de los demás, lo que desarrolló al tener que aprender a entender las necesidades y estados de ánimo de sus padres. Puede que de adulta los recuerdos del pasado le afecten en el presente de manera intrusiva. Es posible que, en el futuro, las relaciones sean un lugar de desregulación y que la activen crónicamente, ya que su predicción es que no va a poder contar con los que más necesita o que la van a abandonar. En estas adultas puede que falle la capacidad de regulación.

Detente ahora en esa madre de ahí delante. La bebé le tiene miedo, a veces la abraza y la calma, y otras la asusta. En ocasiones la deja ratos largos llorando o desatendida. La madre es fuente de amor y de miedo. Esa bebé, probablemente, desarrollará un apego desorganizado.

La niña tiene comportamientos contradictorios. Cuando llega su madre se la ve confusa, a veces busca a sus padres y pide consuelo, y otras se aleja y les evita. El apego desorganizado tiende a estar asociado con experiencias traumáticas o situaciones de peligro en la relación con los cuidadores. En ocasiones es resultado de maltrato, abuso, negligencia, traumas no resueltos o pérdidas de alguna figura. Esto implica, a menudo, que un padre esté presente pero no esté emocionalmente disponible o sea inconsistente, lo que resulta en una falta de respuesta repetitiva y que la bebé no pueda predecir qué va a pasar.

Esta bebé está formando un modelo de mundo con las siguientes predicciones:

- Las relaciones son un sitio seguro. ✘
- Mamá/papá me corregula. ✘
- Mamá/papá me consuela. ✘
- Puedo explorar y sentirme segura. ✘
- Mamá/papá se desregula cuando me desregulo, no siempre me puede corregular. ✔

- Mamá/papá se desconecta cuando me desregulo, no siempre me puede corregular. ✔
- Capacidad para autorregularme. ✘

La niña está recibiendo el mensaje de «a veces te calmo y corregulo y a veces desaparezco o te hago daño». A esta bebé le es muy difícil regularse, ya que no puede predecir seguridad en las relaciones porque nunca la ha vivido. Su cerebro predice constantemente el peligro en las relaciones. Además, no tiene una experiencia interna de seguridad. En adultas, este estilo se llama *fearful* (temeroso). Esta bebé, el día de mañana, puede que salte de la preocupación sobre la cercanía a la separación de manera impulsiva. Es posible que tienda a disociarse en respuesta a amenazas dentro de las relaciones, y que le cueste muchísimo ser vulnerable y auténtica frente a los demás, así como autorregularse emocionalmente y relacionarse con otros. Puede que, para darle sentido a lo que le pasó, llegue a la conclusión de que no vale o que hay algo malo en ella.

Como has podido ver, la predictibilidad y la consistencia son claves para el desarrollo del sistema nervioso de estas bebés. Desde la perspectiva del cerebro predictor, la falta de predictibilidad y consistencia en la respuesta de las figuras de apego pone a las bebés en un estado de activación y desregulación constante. Ellas interiorizan esta información y, de adultas, una vez fuera de esa relación desreguladora con sus padres, les cuesta sentirse seguras con los demás.

Según algunos estudios, se estima que entre el 60 y el 65 por ciento de las personas tienen apego seguro; alrededor del 10 y el 15 por ciento muestran un estilo de apego ansioso/ambivalente; aproximadamente entre el 20 y el 25 por ciento presentan un estilo de apego evitativo; y en torno al 15 y 20 por ciento tienen un estilo de apego desorganizado. Es importante subrayar, como bien nos recuerda Gabo Maté, que los estilos de crianza no reflejan más o menos amor en el corazón de la madre y el padre. El amor parental no es medible y no está representado de ninguna manera en estas categorías.

Ahora bien, ¿es esto una caja cerrada en la que te tienes que meter? No.

¿Puedes tener un tipo de apego con tu padre y otro con tu madre? Sí.

¿Puede llevar una situación muy similar a dos apegos distintos en dos personas diferentes? Sí.

¿Es posible presentar tendencia a un apego de bebé y luego a otro como adulta? Totalmente.

¿Que hayas sufrido abusos quiere decir que tienes apego desorganizado? No.

¿Tienes que haber sufrido maltrato o abusos físicos para tener apego desorganizado? Tampoco.

¿Que te resulten familiares frases del apego ansioso

y evitativo quiere decir que sientes apego desorganizado? No.

¿Puedes tener una tendencia general y, aun así, presentar algún rasgo de otro? Sí

SUBCATEGORÍAS DE LOS ESTILOS DE APEGO

Miremos de nuevo a estas bebés. Pero esta vez, hagámoslo más de cerca. Ainsworth no solo clasificó a los niños en cuatro categorías de apego: seguro (A), ansioso/ambivalente (B), evitativo (C) y desorganizado (D) (Ainsworth, Blehar, Waters & Wall, 1978). Además, creó subcategorías de las cuatro: un total de ocho. Otros modelos más recientes han identificado más subcategorías: veinticuatro en la versión para adultos del modelo ABC + D (desorganizado) y veintinueve en el DMM (modelo dinámico-maturacional), y cada uno describe combinaciones adicionales de las categorías AC. En realidad, podríamos seguir creando subcategorías dentro de estas. Entre A1 y A2, hay una línea, y cada puntito de esa línea es un bebé. De hecho, lo excepcional es encontrarse a una ansiosa o a una evitativa de libro. Lo más común es que nos encontremos en algún punto medio.

Te animo a que no te reduzcas a una etiqueta. Tu mapa relacional no se resume en «ansiosa» o «desorganizada». Recuerda que hay infinitos puntos entre categoría y categoría.

Es muy posible que cuando leas los estilos de apego no te queden del todo claros y te confundas entre lo que eras de pequeña y lo que eres ahora. No eres la única, *sister*. Los estilos de apego son una síntesis y no capturan toda la complejidad de las relaciones humanas. A mí me gusta usarlos porque aportan un vocabulario común y son explicativos de muchas cosas. Pero quiero que seas consciente de que esto es solo un modelo, una teoría. Estos cuatro estilos de apego son únicamente un conjunto de conceptos construidos por psicólogos que nos ayudan a entender la realidad. Y estos conceptos se originaron con la población infantil y con estudios muy específicos. Cuando damos el salto cuántico de los niños a los adultos perdemos validez. En mi opinión, estas categorías en adultos son más confusas y complejas. Por eso no vamos a profundizar demasiado en ellas. Aunque te dejo un test para que puedas ver qué tendencia tienes como adulta.

Me gustaría que hiciéramos un trato: aunque hablemos de estilos de apego, y los usemos como canal para el autodescubrimiento y como vocabulario común, quiero que siempre tengas presente que ninguna etiqueta te describe al cien por cien, que el modelo se acopla a ti, y nunca tú a él, y

Entre cada estilo de apego hay infinitos puntos

que es tu responsabilidad entender tu apego y tu lenguaje relacional único. Tu planeta es irrepetible. No hay una sola persona en la historia que tenga tu autobiografía. La combinación de tus padres, el momento histórico, el lugar en el que naciste, tus hermanos, tu abuela, tu cole, tu barrio, tu salud (y la de los que te rodean), tu cuerpo y mil factores más. Esta combinación moldeó tu cerebro de manera única. Y no te lo digo en plan Mr. Wonderful, sino que es absolutamente literal. Y tú eres la única que puede entenderlo con profundidad. Después de conocer esta teoría vayamos más allá; los estilos de apego se nos quedan cortos.

Más allá de los estilos de apego

Para entender el apego, necesitamos adentrarnos en una capa más fundamental. Prepárate para ver cosas microscópicas. A continuación observaremos detalladamente la interacción bebé-madre.

Esto es justo lo que hace Beatrice Beebe. Beebe es una investigadora muy potente estadounidense que ha realizado numerosos estudios sobre el desarrollo temprano de los bebés y la comunicación madre-hijo a través de la observación de grabaciones de vídeo, imagen a imagen. Beebe y su equipo llevan tiempo utilizando técnicas de grabación de alta resolución para analizar los movimientos y las expresiones faciales tanto de las madres como de los bebés mientras se comunican. Tremendo. Beebe nos ha ayudado muchísimo a entender el apego con una profundidad y minuciosidad admirables. En sus estudios realiza microanálisis. Beebe y su equipo graban las interacciones madre-hijo en clips de unos tres minutos. Luego toman cada segundo del vídeo y lo dividen en doce. Y así estudian, microinstante a microinstante, qué está pasando realmente en las interacciones de estas madres (u otros cuidadores) con sus bebés. Te dejo un código para que veas cómo trabaja.

La díada y la corregulación

Según Beebe, todos los bebés que ves aquí constituyen sistemas con sus cuidadores. Te animo a que empieces a observar a estos bebés como sistemas y no como seres individuales. Estos sistemas estarían compuestos por tres partes:

- La madre/padre/cuidador, como una unidad que se autoorganiza y autorregula.
- El bebé, como unidad que se autoorganiza y autorregula.
- La díada bebé-cuidador interactiva, con una organización única que se corregula constantemente.

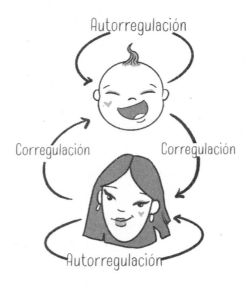

Ninguna de estas tres unidades puede describirse completamente sin hacer referencia a las otras dos. Es un sistema bidireccional. El comportamiento de cada individuo es predecible a partir (no causado por) del comportamiento del otro. **La díada constituye una constante corregulación.** La interacción con una madre es la fuente más importante de regulación y el primer canal a través del cual empiezas a formar tu mapa del mundo relacional. En un estudio reciente muy interesante, se llevaron a cabo entrevistas con sesenta y nueve madres y sus bebés, que tenían entre doce y catorce meses de edad. Dividieron a las madres en tres grupos: el grupo de evaluación positiva, a cuyas madres los evaluadores daban *feedback* positivo; el grupo de evaluación negativa, a las que los evaluadores daban *feedback* negativo; y el grupo de evaluación de control, un grupo neutro. Después de estas evaluaciones, todas las madres volvieron con sus bebés y se les pidió que los calmasen. El nivel de estrés de cada madre después de la entrevista se transmitía al niño. Aunque los bebés no habían estado presentes durante las entrevistas, sus niveles de estrés se sincronizaron con los de sus madres. Y aún más impactante, en otro estudio se vio que las ratas que lamían a sus crías en las primeras doce horas de vida modificaban la expresión de más de mil genes en las crías. *Wow*. El cuidado y la conexión no solo son fuente directa de regulación, sino que también tienen el poder de modificar la expresión genética. Esta es la naturaleza fundamental del comportamiento social y su biología. Nos corregulamos constantemente hasta el punto de modificar nuestros cerebros.

Recuerda que desde que nacemos nuestro cuerpo tiene una misión: vivir. Y para ello está siempre monitorizándose y **regulándose**. Desde el día que pusiste tu piececito en este mundo, has estado regulándote sin parar. Nada más existir, a tu cuerpo le dieron un papel con una tarea épica:

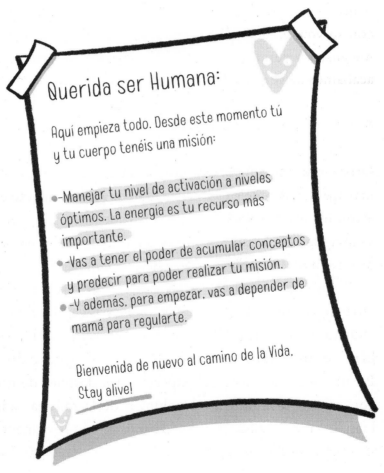

Querida ser Humana:

Aquí empieza todo. Desde este momento tú y tu cuerpo tenéis una misión:

- Manejar tu nivel de activación a niveles óptimos. La energía es tu recurso más importante.
- Vas a tener el poder de acumular conceptos y predecir para poder realizar tu misión.
- Y además, para empezar, vas a depender de mamá para regularte.

Bienvenida de nuevo al camino de la Vida.
Stay alive!

Esta es una misión muy parecida a la que recibe cualquier otro animal u organismo. Entre ellos, tu vecina, tu perro o un ratón. Todos monitorizan niveles de energía para funcionar. Estas capacidades de regulación y predicción ayudan a tu cuerpo a saber cuándo tienes que dormir, comer o buscar consuelo. Los bebés, para regularse, activan varias estrategias, entre ellas el contacto físico, el llanto, los movimientos corporales, los sonidos causados con su voz, el tacto, el olor o chuparse el dedo. Aunque me gustaría destacarte tres: la interacción con mamá que acabamos de ver, la agencia y la predictibilidad.

AGENCIA: EL BEBÉ Y SU IMPACTO EN EL MUNDO

Desde muy pequeñita empezaste a darte cuenta de que tenías agencia. **Agencia es la capacidad de tener impacto en el mundo que te rodea.** En un experimento muy interesante se investigó cómo unos bebés podían cambiar el volumen de un sonido en respuesta a la velocidad de succión.

A los niños se les dio un chupete modificado, que estaba conectado a un sistema de sonido. Cuando el bebé chupaba el chupete más rápido, el volumen del sonido subía, y cuando succionaba más lento, el volumen bajaba. En una segunda parte del experimento, después de que aprendieran a modificar el volumen de la música cambiando la velocidad, pararon la música aleatoriamente. Los bebés lloraron, se quejaron y pararon de chupar. Los de cuatro meses de edad no solo saben que tienen agencia en el mundo que les rodea, sino que, cuando sus expectativas no se cumplen, se cabrean. La sensación de tener agencia sobre el mundo es reguladora. Cada vez que tienen influencia en algo interiorizan la experiencia de «yo puedo, yo cambio, yo hago, tengo impacto en el mundo».

Un bebé que predice y acierta, es un bebé feliz

Cuando tenías tres o cuatro meses, ya estabas haciendo predicciones de lo que oías, de lo que veías y de cómo mamá y papá y el resto de humanos se comportaban contigo. De muy pequeña, empezaste a tener expectativas de lo que iba a pasar. Según la investigadora Beebe, cuando estas expectativas se cumplen, cuando hay *match* entre lo que el bebé espera y lo que sucede, esto ayuda al niño a darse cuenta de sus propios estados internos y de que tiene un lugar en el que confiar. Cuanto más regulares son las expectativas, más sensación de seguridad. Aunque también es cierto lo contrario. Con las inconsistencias, el bebé tiene menos habilidad para darse cuenta de su estado interno y, por lo tanto, de poder autorregularse. Estas primeras interacciones fallidas podrían, si se repiten constantemente, convertirse en las primeras semillas para un sistema desequilibrado de adulta.

GOOD *ENOUGH*, O LA MADRE SUFICIENTEMENTE BUENA

Según Beebe, el nivel de coordinación a los cuatro meses con la madre predice el apego y la cognición a los doce meses. Aun así, es importante señalar que lo que pase en estos primeros meses no es totalmente determinante. Yo nací dos semanas antes de tiempo. Cuando salí, mi madre dice que le cogí del brazo fuertemente con mi minimano y que la miré a los ojos como diciendo «mamá, ¡¡¡¿quién es esta gente?!!!». Me pusieron en una incubadora durante semanas. Mi madre subía cada tres horas a darme de mamar. Según las teorías yo podría tener un apego inseguro, pero no lo tuve. Mis padres fueron padres «Good enough». Y es que como ya sabes, hay muchos factores que influyen en cómo te vinculas. Con el apego sucede lo mismo que con el cerebro, tu sistema de apego se reorganiza durante toda la vida con cada una de tus vivencias.

El concepto de *Good enough* significa ser «suficientemente buena». Una bebé no necesita una madre perfecta, que esté entonada cien por cien del tiempo con ella; con que la madre sea *Good enough*, es suficiente para que la bebé se sienta segura. Te cuento esto porque hay una nueva generación de madres que viven ansiosas y preocupadas por controlar cada aspecto de sus recién nacidos. Sobre todo cuando leen información como la que te acabo de contar. Y esto acaba trayendo a la madre una tensión, sensación de culpa y falta de regulación que impacta negativamente en la díada con sus bebés. Al final les sale el tiro por la culata. Su autorregulación como madres es tan importante como la correct regulación con el bebé, o más.

Según los estudios de Ed Tronick y sus colegas con estas madres y sus bebés, lo ideal no es estar coordinadas

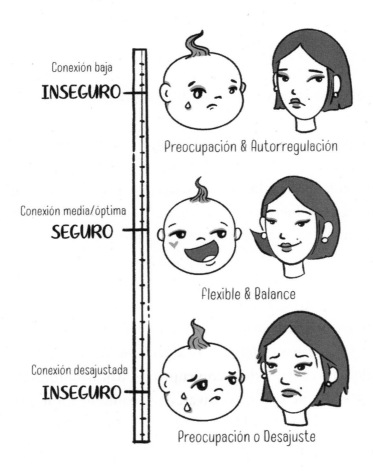

Conexión baja
INSEGURO

Preocupación & Autorregulación

Conexión media/óptima
SEGURO

Flexible & Balance

Conexión desajustada
INSEGURO

Preocupación o Desajuste

todo el tiempo, ni tener un *match* constante. Un nivel medio es el óptimo. Una coordinación de nivel medio a los siete meses y medio predice apego seguro a la edad de dos años. Es sano que las bebés pueden alternar entre regularse a sí mismas y recibir regulación de sus mamis, papis o cuidadores. De hecho, la ruptura es parte natural y necesaria de las interacciones y ayuda a la bebé a ser resiliente e integrar la compleja realidad relacional que le espera a lo largo de su vida.

LOS DOS PILARES: LA RUPTURA Y LA REPARACIÓN

¿Qué pasa cuando se rompe el *match* con mamá? Como hemos visto, la bebé empieza a organizar su mundo y tiene expectativas de lo que va a pasar, especialmente con respecto a sus figuras de apego. Cuando estas expectativas no se cumplen, la bebé se frustra. La inconsistencia tiene un costo metabólico. Esto es lo que llamaríamos una ruptura. Un ejemplo típico de ruptura se da cuando mamá no está siendo capaz de estar entonada con la bebé, de «matchearla». Esto es normal en toda interacción. Subráyate esto, porque esto también es cierto en la vida adulta. **Cualquier relación viene con rupturas.** Minirrupturas de la confianza, de las expectativas, de la comunicación. ¿Te suena cuando estás hablando con alguien y te sientes supercómoda? Ahí hay un *match*. La falta de conexión o entendimiento sería la ruptura. Las bebés se dan cuenta de esto pronto, y forma parte de su organización del mundo. ¿Qué pasa cuando mamá no me corregula? ¿Qué pasa cuando mami no reacciona como yo necesito? Este baile constante entre el *match* y el no *match* es una dinámica siempre presente en las relaciones. Según uno de los referentes del estudio del desarrollo infantil, Ed Tronick, los bebés solo pasan un tercio del tiempo en estado de *match* con sus madres. Pero después de dos segundos el 70 por ciento de los no *match* vuelven al *match*. Cuando no hay reparación, el bebé integra en su interior las expectativas de falta de regulación. Cuando hay reparación se organizan las experiencias internas de agencia y seguridad.

Las peques necesitan aprender a lidiar con las frustraciones y las desilusiones. Con cuidadores que son «lo suficientemente buenos» (*Good enough*), las niñas comprenden que las conexiones rotas pueden arreglarse y que son parte de las relaciones. La cuestión clave aquí es si pueden sentirse visceralmente seguras con sus padres, a pesar de las rupturas, a través de la reparación.

Cuando el bebé experimenta la secuencia de ruptura y reparación, esto sienta las bases de la inteligencia emocional y relacional. La experiencia de poder reparar lleva al bebé a confiar en sus habilidades y a confiar que los otros van a responder. La historia de nuestra vida es la historia de la ruptura/reparación constante. La pregunta es: **¿sabemos reparar las rupturas?**

Tu gran misión: autorregularte

Llevas toda una existencia intentando regularte. Y no estoy segura de si eres consciente de ello. En las observaciones que hacen Beebe y otros autores, como Tiffany M. Field, entre los bebés y sus madres, es común ver como los bebés se activan de más al mirar a su mamá, se apartan brevemente para regularse y, una vez equilibrados, vuelven a mirarla. Estos bebés saben muy bien cuál es su misión: mantén niveles óptimos de energía. Y se regulan (calman) incluso con estos pequeños gestos a través de la mirada.

En el desarrollo de los bebés, se equilibran influencias tanto de fuera (sus relaciones cercanas) como de dentro (sus ideas sobre esas relaciones). Un apego seguro se construye con una comunicación sensible entre padres e hijos, logrando un equilibrio entre recibir apoyo externo e interno que facilita la autorregulación. Cuando el apego es evitativo, el bebé aprende a depender de señales internas para calmar sus emociones, aunque esto lo aísla de los demás. En el apego ansioso, las interacciones inconsistentes generan una búsqueda constante de apoyo externo, dificultando la autorregulación. Y en el apego desorganizado, la incapacidad para encontrar calma tanto dentro como fuera resulta en un mundo interno caótico.

¡Hermana, estás rodeada de máquinas reguladoras interconectadas que almacenan información para poder predecir lo que va a pasar y así poder sobrevivir! Y tú, eres una de ellas.

Epic.

Y en tu caso, ¿cómo te regulas? ¿Comiendo? ¿Bebiendo? ¿Buscando a los demás? ¿Rumiando? ¿Procrastinando? ¿Evitando? ¿Atacando? ¿Respirando profundamente?

Huyes del dolor para regularte. Evitas el rechazo para no sufrir. Ves pelis de miedo para activarte. Te rascas la cabeza para calmarte. Te inhibes y activas constantemente.

VISITAMOS A TU BEBÉ

Más allá de los estilos de apego, me gustaría que entendieras tu historia como el testimonio de tu sistema nervioso y su regulación. Si la corregulación con tu madre fue óptima, tu sistema nervioso se sintió seguro. Si no lo fue, tu sistema se desregulaba (estresaba). Cuando eras bebé tenías una gran necesidad de contacto físico y de comunicarte y ser *matcheada* por mamá y papá, así como una demanda de amor incondicional. En tus primeros meses necesitabas que te diesen todo sin límites y sin cuestionarlo. Y dependías de tus cuidadores para regularte.

Si esta corregulación fue óptima, tu sistema nervioso predijo que:

- «Confío en ti» (apego seguro).
- «Todas mis necesidades están cubiertas» (narcisismo).
- «Tengo esperanza» (mis predicciones están en línea con mis necesidades).
- «Soy tú» (díada).

Si esto no sucedió, puede que empezases a integrar la inseguridad en las relaciones, junto a una menor capacidad para corregularte o conectarte con los demás. Puede que te costase calmarte. Puede que no confiases en otras personas como fuente de seguridad. Puede que aprendieras a encender tus sistemas de defensas y a pasar más tiempo activada. Recuerdo una paciente, Paula, cuyo hermano nació cuando Paula tenía dos años. A ella la llevaron con la abuela porque la madre necesitó estar hospitalizada una temporada. En el momento que contó la historia en una sesión de nuestra terapia grupal, se dio cuenta de que esa fue la primera vez que se cabreó con su madre y que una parte de ella nunca la perdonó. Esta ruptura de su seguridad y confianza nunca se sanó del todo. Poner palabras a esta experiencia la ayudó a conectar con las emociones del duelo y poder tener una conversación reparadora con su madre.[7] Puede que en tu caso no te acuerdes de estas primeras interacciones. Esto no es tan importante. Los mismos padres que te cuidaron cuando tenías meses probablemente te cuidaron de niña también, y es muy posible que su estilo de crianza se mantuviera en el tiempo. La clave es que reflexiones sobre cómo esas primeras experiencias influyeron en cómo te relacionas hoy.

Ejercicio 1: la historia de mi bebé

Haz el siguiente ejercicio para conectar con tus experiencias durante tus primeros años de vida. Toma un lápiz y un boli y tómate tu tiempo para poder responder. Cuando abres espacios para escribir, integras la información más rápidamente y los ejercicios tienen más impacto. Te animo a hacer cada uno de los ejercicios de este viaje por escrito.

Habla con tus familiares para ayudarte a responder estas preguntas. También puedes mirar fotos o vídeos.

- Identifica dos cuidadores clave en tus tres primeros dos años de vida.
- ¿Cómo describirías la relación y la interacción con cada uno durante ese periodo?

Si no te acuerdas de mucho, está bien, son cuestiones que puedes ir respondiendo poco a poco según vas dándote tiempo para reconectar con tu pasado o hablando con tus padres, abuelos y hermanos. Al ladito de la tierra de los bebés, está el río de las niñas. Después de entender el impacto de los primeros meses de tu vida, ha llegado el momento de conectarte con tu niñez.

4

EL RÍO DE LAS NIÑAS

Nuestro siguiente destino es el río de las niñas. Aquí las bebés ya son un poco más mayores. Conforme estas crecen, sus necesidades van cambiando. Junto con las necesidades de dormir y comer, la de protección, sintonía, conexión y consuelo, aparecen la necesidad de fomentar el desarrollo personal y la autenticidad.

¡En este precioso río tenemos varios puntos de interés! Primero vamos a entender las necesidades claves de esta época, luego iremos a la ribera del río donde conocerás a cuatro niñas con cuatro madres que tienen diferentes estilos de crianza y su impacto, luego aprenderás el concepto de «vergüenza tóxica» y finalmente te iremos a visitar a ti, *sister!**

---

* *sister* = hermana

El río de las niñas

Niñas y sus necesidades

Las cuatro niñas

Tu niña

La vergüenza tóxica

Necesidades de tu niñez

A medida que cumplen años, estas niñas aprenden que el amor incondicional que recibieron en su época de reinado del bebé se acabó. Su expectativa de gratificación absoluta e instantánea cambiará hacia una nueva realidad en la que hay límites y sus necesidades no siempre pueden ser satisfechas. Necesidades como «Mamá, quiero helado para cenar».

Durante estos años tú y el resto de niñas os disteis cuenta de que erais un ente separado de vuestros padres. Empezasteis a decir «¡No, yo lo hago sola!» o «mamá, ¡no quiero!». Comenzasteis, literalmente, a tener voz. En esta fase se activa con fuerza el sistema **exploratorio**. Para estas pequeñas el mundo es una fantasía sensorial, y exploran su entorno de manera natural. Conforme vayan creciendo tendrán más preguntas y su curiosidad será expansiva. Explorar el mundo y quererse salir con la suya viene, obviamente, acompañado de un abanico de emociones que a estas niñas les cuesta regular. Se cabrean, lloran y se mean de la risa, sin filtro. Mamá y papá son el ejemplo de regulación emocional y resolución de conflictos, y los guías para estas pequeñas. Con padres que les corregulan de manera efectiva, su sistema nervioso está listo para poder funcionar regulado durante los periodos de separación y estrés. En esta etapa llegan los límites. Cuando nos ponen límites, aparecen la culpa o la vergüenza sana. Me gustaría recordarte que todas sentimos vergüenza. Avergonzarse, como muy bien explica Brené Brown en uno de sus libros, es parte de la experiencia humana. Esta emoción es necesaria para que la niña desarrolle habilidades sociales. Los padres son responsables de guiarla a navegar y aprender el lenguaje de los límites. Para no interiorizar una vergüenza tóxica o disfuncional, ni la creencia de que es defectuosa, es clave que los padres le recuerden que, a pesar de que a veces se sobrepasen los límites, tiene valor y es querida.

Cada satisfacción no satisfecha puede convertirse en una herida emocional

Observa a estas cuatro niñas que están jugando en este río de tu planeta. Mientras ellas juegan sus padres están merendando. Las niñas, al correr de arriba para abajo, se pegan un golpetazo. Uno de esos gordos; de hecho, se han abierto el mentón. Las cuatro. A la vez. Este es uno de esos momentos en que las niñas necesitan sentirse protegidas mientras exploran, dos de sus necesidades básicas:

—Madre de Ana: Ana, ¿qué te ha pasado? ¿Estás bien? Ven, vamos al hospital, parece que te has cortado.
Ana llora porque está asustada.
—Madre de Ana: Ay, hija mía, ¡vaya golpe! Toma, ponte este pañuelo, voy a llamar a tu padre y vamos a que te curen. Ya verás, en el hospital se ocuparán de ti y te curarán. ¿Estás asustada? Claro, hija, ¡menudo susto! ¿Dónde te duele? Ven, vamos a respirar juntas, cariño.
La madre de Ana va a buscar al padre de la niña y, juntos, la llevan al hospital.

- La madre no culpa a su hija por explorar y ser independiente. ✔
- No desvía la atención del dolor ni del miedo. ✔
- La ayuda a regular el miedo. ✔

La reacción de la madre de Rosa es la siguiente:

—Ay, hija, qué golpe. No llores, no pasa nada. Esto me lo hice yo dos veces y a la segunda ya no solté ni una lágrima. Con un poco de suerte te lo podemos curar con agua. No llores, hija, que no es para tanto, que todo el mundo se cae. Además, ¿no te gusta jugar y meterte por todos los rincones? Pues esto es lo que pasa, a veces te caes. La vida es así.

De camino al hospital los padres se ponen a hablar entre ellos sobre cómo organizar la cena del próximo sábado.

- La madre no culpa a su hija por explorar y ser independiente. ✔
- No desvía la atención del dolor ni del miedo. ✘
- La ayuda a regular el miedo. ✘

Ante el accidente, la madre de Rocío sale pitando en cuanto la oye llorar:

—Ay, hija mía, pero ¡qué has hecho! ¡Te he dicho que te estuvieras quieta! ¡Siempre igual, madre mía, un día me vas a matar de un susto! ¡¡Y ahora tengo que llamar a tu padre para que venga, con lo lejos que ha dejado el coche!! Ven, ponte esto en la barbilla. ¡Ay, qué mala pinta, estás chorreando sangre!

Alterada, casi llorando y sin callarse un minuto por el camino, la madre de Rocío acude a buscar al padre. En el coche, ambos se pelean, ya que la madre de Rocío está de los nervios.

- La madre no culpa a su hija por explorar y ser independiente. ✘

- No desvía la atención del dolor ni del miedo. ✔
- La ayuda a regular el miedo. ✘

En cuanto a la madre de Lucía, cuando la ve, la agarra bruscamente:

—Pero bueno, ¿¿tú estás tonta?? ¿¿¿Cuántas veces te he dicho que te estés quieta??? ¿Cuántas veces, eh? ¿Qué te había dicho? ¿Eh? ¡Que me contestes! ¿Que qué te había dicho con lo de jugar junto al río? ¡Ah, claro! ¡Ahora llora, ahora llora! ¡Ven, anda! ¡Es que me tienes harta, de verdad, todo el día pendiente de ti y aun así te caes!

- La madre no culpa a su hija por explorar y ser independiente. ✘
- No desvía la atención del dolor ni del miedo. ✘
- La ayuda a regular el miedo. ✘

Acabas de ser testigo por una mirilla de una simple interacción. Una caída un día cualquiera. Ahora suma más interacciones. Y suma otras más. Estas niñas tendrán unas cien como estas al día, con sus madres, padres, profesores, abuelas y amigas. Todos los días del año. Parece una tontería pero son estas pequeñas cosas las que nos trillan. **Muchas de tus heridas surgieron con las cosas más simples y cotidianas,** y por eso muchas veces no sabes de dónde vienen. Cada interacción es una gotita que va llenando el vaso. Una gotita más de invalidación, de distancia o de conexión que cae a diario y va formando la realidad de estas niñas.

Una de mis pacientes, Julia, tenía una madre que siempre decidía por ella. Si el camarero le preguntaba a Lucía qué quería, su madre contestaba antes. A menudo le preguntaba, «¿estás segura? ¿No crees que este otro juguete te va a gustar más?». Esta actitud, que probablemente ni te llamaría la atención si la escuchas por casualidad en la mesa de al lado mientras te tomas un café, a la larga tiene su impacto. La madre de Julia la cuestionaba constantemente. Una gotita de cuestionamiento que caía cada día. De adulta, a Julia, le costaba muchísimo tomar decisiones y a menudo se sentía insegura o no sabía lo que quería. Puede que ya sepas que yo trabajo haciendo terapia grupal. La terapia grupal ayudó a Julia a conectarse consigo misma y a comunicarse lo que necesitaba en cada momento. Afortunadamente, aunque las malditas gotas que caen durante décadas tienen su efecto, una vez que tomas consciencia puedes transformar tu realidad hacia nuevos sitios.

CUANDO TU NIÑEZ FUE ESTRESANTE

Tal y como ya sabes, los humanos nacemos con un cerebro inacabado. El cerebro de estas niñas está bajo construcción y necesita instrucciones para desarrollarse. Su mente no es una versión reducida de la de un adulto; está buscando activamente moldearse. Estas instrucciones vienen de las regularidades estadísticas en el entorno, es decir, de patrones que ocurren en su día a día. Sus propias experiencias son las instrucciones que continúan modelando su sistema nervioso durante la vida. Cada interacción con mamá cuenta. Contaba de bebé, y cuenta ahora.

Para, Rosa, Rocío y Lucía, las relaciones son un lugar de desregulación. Si esto continua de manera recurrente, puede que sus sistemas nerviosos pasen más tiempo en estados desregulados que en regulación. Usemos el eje que aprendiste en la tierra de tus ancestras para que puedas visualizar los diferentes estados de tu sistema nervioso. Vamos a trabajar simbólicamente con tres estados. Esto es solo una simplificación, tu sistema nervioso es muy complejo y no lo podemos resumir en tres puntos, en realidad es un continuo, pero esta simplificación nos va a ayudar en nuestro propósito.

- Relajación: el sistema nervioso está en modo calma. Es un estado de baja activación. Suele caracterizarse por un ritmo cardiaco más lento, una respiración profunda y una relajación muscular. En conjunto, estas respuestas crean una sensación de bienestar y paz en el cuerpo. Este es un lugar que casi siempre se relaciona con la seguridad y un lugar de recarga para el organismo. La máxima expresión de este estado es dormir. **Dormir es recargar.** Cuando hablamos de regular, a menudo hablamos de volver a este estado de calma.

- Activación: en este estado el cuerpo se pone en marcha y mueve recursos para enfrentarse a algo. Suele haber un aumento en la frecuencia cardiaca o la liberación de hormonas y neurotransmisores. Estas respuestas fisiológicas te preparan para responder a situaciones desafiantes o estresantes. Como, por ejemplo, pelearte con tu jefe o quedar con esa persona que te gusta tanto. Es decir, situaciones tanto incómodas como agradables. Este es el estado en el que sentimos ansiedad, preocupa-

ción y «nervios» pero también risas, concentración o alegría. Por lo tanto, este es un lugar en el que puede, o no, que te estés sintiendo segura.

- Hiperactivación: este es un estado de activación muy alta. Algunas personas pueden experimentar falta de control, disociación o colapso en este estado. Los ataques de pánico, el *burnout* laboral o los ataques de ansiedad serían ejemplos de hiperactivación. Este es un lugar casi siempre relacionado con la inseguridad. Aunque también se da en estados placenteros como el éxtasis o el orgasmo.

Estos estados del sistema nervioso son, en gran parte, automáticos e inconscientes (sistema nervioso autónomo). A través de ellos, nuestras niñas navegan en su día a día. Cuando el sistema nervioso es sano y funcional, se mueve de manera fluida de un estado a otro, pasando de estar movilizado a listo para descansar y recuperarse. El ciclo del estrés se completa y el sistema nervioso se mantiene flexible, se enfrenta al estrés y a los desafíos de manera funcional. Las niñas serán capaces de recuperarse, integrar y avanzar. Pero si estas niñas experimentan traumas o estrés repetidamente, el sistema nervioso podría dejar de funcionar de manera saludable y resiliente. Esto puede mantenerlas atrapadas en estados de supervivencia y activación. Vivir en este estado constantemente es debilitante. La energía del cuerpo es limitada. Y por eso, en las últimas décadas, se están considerando traumas todas aquellas situaciones que llevan a la saturación del sistema nervioso y tienen un impacto en él a lo largo del tiempo.

En general, el concepto que la sociedad tiene de un trauma suele estar relacionado con momentos horribles e intensos como accidentes, desastres naturales, procedimientos médicos o abusos. Estos serían traumas por shock, y suelen estar asociados a un momento puntual. Pero, por otro lado, se han empezado a considerar traumas aquellas experiencias relacionales difíciles como los abusos, la negligencia o la falta de seguridad en las relaciones con los cuidadores. Es decir, actualmente también se considera trauma aquel que se da de manera más sutil, pero recurrente. En general, se considera trauma cualquier evento negativo que ha tenido un efecto dañino y duradero dentro del sistema nervioso y la psique de una persona.[8]

Hace más de veinte años, y por primera vez, CDC/Kaiser lanzó un estudio revolucionario con más de diecisiete mil pacientes que demostró una conexión directa entre las experiencias adversas en la infancia (o ACE) y la salud mental a largo plazo. En el estudio, dos tercios de los participantes informaron haber tenido al menos un evento adverso en su niñez. Más del 20 por ciento había tenido tres o más. El estudio concluyó que con seis o más situaciones difíciles en la infancia **la esperanza de vida disminuye en casi veinte años**. Algunos ejemplos de eventos adversos son: un padre con problemas de salud mental o alcohólico, un divorcio, la desconexión emocional o el acoso escolar.

Para las personas con una historia de trauma o activación crónica del sistema nervioso, una simple reunión de trabajo puede volverse una amenaza. El sistema hiperactivado predice peligros. Es como si el sistema nervioso fuera una alarma que está constantemente indicando que hay un incendio, incluso cuando no hay llamas ni humo. Para muchas personas, esta alarma se enciende con las relaciones de pareja.

En cuanto a nuestras niñas, su prioridad número uno es conectarse y mantener el vínculo con sus madres. Cuando sus madres o padres no se conectan con ellas como necesitan, sus sistemas nerviosos se activan. Y pasan de la necesidad de conexión a la necesidad de protección. Esta activación constante tiene sus consecuencias. Autores como Gabo Maté y Elizabeth A. Stanley hablan con profundidad de cómo la desregulación puede afectar a muchos aspectos de tu cuerpo y también a tu salud física y mental. Muchas condiciones y síntomas crónicos y difíciles de diagnosticar pueden atribuirse a un sistema nervioso desregulado.

QUÉ ES LA «VERGÜENZA TÓXICA»

La falta de corregulación o entendimiento por parte de los demás es muy dolorosa para estas niñas. Cuando las personas que más aman las rechazan, ellas sienten lo que algunos autores llaman «vergüenza tóxica» (*toxic shame*). La vergüenza tóxica es la sensación de desprecio hacia ti misma, es una mezcla de vergüenza y culpa. Es una visión negativa hacia tu propio ser. Esta sensación aparece en momentos de rechazo externo, para más tarde interiorizarse y convertirse en un rechazo interno. A menudo, aparece por primera vez en la niñez, cuando tenemos un entorno y unas figuras de apego que no nos ven, validan o apoyan, e incluso nos maltratan. Cuando nos invalidan emocionalmente, por ejemplo, con un «Cállate, ¡qué exagerada!», aparece una sensación de vergüenza, como si hubiese algo malo en ti, como si fueses alguien que no deberías ser o sintieses cosas que no deberías sentir. A veces, el impacto no se debe a reacciones negativas hacia la niña, sino a la ausencia de conexión. La falta de cercanía puede tener un impacto mayor que las experiencias negativas. Si la «presencia de» o «falta de» sucede de manera recurrente, acaba generándose una sensación o creencia de que **lo que no está bien eres tú**. Para muchas niñas, es más seguro odiarse a sí mismas que arriesgar su relación con sus padres si se enfadan o huyen. Muchas de ellas crecerán creyendo que no merecen amor. Esa es la única forma en que sus pequeñas mentes pueden explicar por qué las personas reaccionan de esa manera ante sus comentarios o acciones. Sobreviven negando, ignorando o reprimiendo su rabia y dolor. Puede que Rocío, Rosa y Lucía interioricen esta vergüenza y sensación de bajo valor. Esto las desregulará y las llevará a activar estrategias para no tener que sentir eso otra vez, como la evitación, la disociación, el complacer o el desconectarse de su autenticidad para evitar ese rechazo.

¿Qué conclusiones están sacando los sistemas nerviosos de estas cuatro niñas?

ANA
Confío en los demás.

ROSA
No confío en los demás.
Sola estoy bien.

ROCÍO
Me preocupan las relaciones.
No puedo estar sola.

LUCÍA
Las relaciones son confusas.
A veces las ultranecesito y a veces me aterran.

- Ana: «En las relaciones encuentro amor y apoyo. No puedo hacer siempre lo que quiera, puedo escuchar y comunicarme. Confío en los demás, yo puedo sola, hay momentos difíciles que tendré que pasar. Me siento segura en mi cuerpo».
- Rosa: «No puedo contar con nadie. Estoy sola. Si me muestro como soy, me pueden hacer daño. No necesito a nadie para calmarme. Sola estoy bien. A veces, no me siento segura en mi cuerpo y prefiero no prestarle atención».
- Rocío: «Me siento culpable por hacer sentir mal a los demás. Me cuesta tomar decisiones sola. Si presiono y lloro, consigo lo que quiero. No hay límites. Tengo que asegurarme de que los demás están bien cuando están conmigo. A veces, no me siento segura en mi cuerpo, demasiadas emociones (desregulación)».
- Lucía: «No me siento segura con la gente. No sé bien quién soy. No valgo. No soy importante. Me siento culpable y me avergüenzo de mí misma. No me siento segura en mi cuerpo».

Con estas conclusiones en sus sistemas nerviosos, estas cuatro niñas se están enfrentando al mundo. Un mundo que cada vez va a ser más complejo y difícil de manejar. Y tú, ¿qué conclusiones has sacado? Vamos a encontrarnos con tu niña.

Ahí estás tú, con cinco añitos. Aunque estabas desarrollando cierta independencia, seguías dependiendo de tus padres para guiarte en el camino hacia la autorregulación. Buscabas su consuelo, su atención y su validación. Estabas lista para explorar el mundo, ser auténtica y absorber información. Conforme descubrías el mundo te encontrabas con cosas nuevas y desconocidas, y en esos momentos era clave poder volver a mamá si lo necesitabas. Cada vez que te salías de tu zona de confort tu abanico de opciones y de agencia se ampliaban. En esta etapa era importante que descubrieras y disfrutases de esa autonomía y separación, que aprendieses a regularte emocionalmente mientras lo hacías, que empezaras a ser capaz de resolver conflictos, a respetar y poner límites e interiorizar la imperfección.

Si desarrollaste estas habilidades, tu sistema nervioso empezó a predecir que:

- «Soy yo» (individualidad).
- «Puedo explorar de manera segura» (apego seguro).
- «Hay límites» (narcisismo *it's over*).
- «Tengo voz y agencia» (yo puedo).
- «Yo valgo» (puedo fallar).

Soy yo

Yo valgo

Puedo explorar de manera segura

Tengo voz y agencia

Hay límites

Cuando esto no sucedía, y además se construía sobre un apego inseguro de bebé, es posible que te diera miedo ser independiente o explorar el mundo. En situaciones estresantes, si tus padres no te ayudaban a volver a la calma, tu sistema dejaba encendida la activación, y tal vez tendieses a estar más activada. Puede que no supieras identificar, regular y comunicar emociones, que no supieras poner ni respetar límites. Puede que, cuando hicieses algo mal o fallases, sintieras que no valías. Si tus padres o hermanos no se entonaban contigo y no te veían tal cual eras, puede que empezases a interiorizar una sensación de no ser entendida o no ser importante. Puede que se dieran algunas de estas cosas y no otras, dependiendo de tu caso.

Ejercicio 1: Los cinco adjetivos[9]

Toma papel y boli y realiza este ejercicio por escrito.

Paso 1.

Elige cinco adjetivos o palabras que reflejen tu relación con tu madre y cinco con tu padre. Ve tan atrás como recuerdes, aunque entre los 5 y los 12 años está bien.

Paso 2.

Escribe por qué los has elegido.

Cinco adjetivos madre: ¿Qué te ha hecho elegirlos?

Cinco adjetivos padre: ¿Qué te ha hecho elegirlos?

Ejercicio 2: La historia de mi niña

Responde a las siguientes preguntas para reflexionar sobre tus experiencias durante esta etapa.

Toma un boli y un lápiz y date tu tiempo para responder.

- A cuál de tus padres te sentiste más cercano y por qué. ¿Por qué no existe este sentimiento con el otro padre?
- Cuando estabas enfadada o triste de niña, ¿qué hacías?
- ¿Alguna vez te sentiste rechazada cuando eras niña?

- ¿Qué edad tenías cuando sentiste ese rechazo por primera vez y qué hiciste?
- ¿Crees que tu padre/madre se dio cuenta de que te estaba rechazando? ¿Por qué crees que hicieron eso?

Contestar estas preguntas puede que sea difícil para ti por lo que **además de escribirlo ahora**, te animo a que reflexiones sobre estas cuestiones en compañia de una guia que te pueda **sostener si lo necesitas**. A medida que exploramos el impacto del apego en las niñas, nos adentramos ahora en la siguiente etapa crucial de tu vida: la adolescencia. Mucho se habla de la niña interior pero poco de la adolescente interior. Me parece, hermana, que le debemos una visita.

5

LOS ACANTILADOS DE LAS *TEEN*

Bella, ponte el cinturón porque, para llegar a nuestro siguiente destino, atravesaremos bastantes turbulencias. Además, una vez allí, lo mismo hay niebla que hace sol. Tenemos que llevar atuendos para todos los climas. Puede nevar, aclarar y llover en el mismo día. Vamos a los acantilados de la adolescencia. Un lugar hostil y salvaje, y muy divertido a la vez. Esta visita es necesaria para que puedas seguir escribiendo y descubriendo tu historia.

En estos acantilados aprenderás cosas muy interesantes sobre tu adolescente interior. Primero entenderás los fuertes vientos de esta fase de la vida, luego vas a ser testigo de cómo estas adolescentes se traicionan a sí mismas para sobrevivir y, por último, visitaremos a tu adolescente en el acantilado.

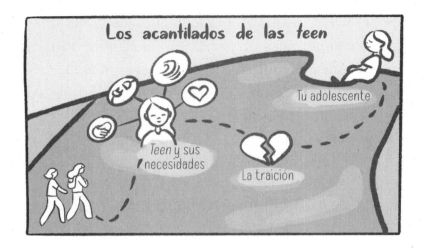

Todas las adolescentes que ves aquí vivieron en la tierra de las bebés. Todas empezaron a llenar su disco duro en ese lugar. Pero aquí ya tienen entre doce y veinte años. Llevan mucho tiempo recopilando conceptos, haciendo predicciones, regulándose, interaccionando con los demás e integrando todo esto en su mente y en su cuerpo. Desde que estas adolescentes estaban en la tierra de las bebés hasta ahora, han pasado muchas cosas. Y cada una de ellas es un factor importante que contribuye a lo que son hoy.

NECESIDADES DE LAS ADOLESCENTES

Estas adolescentes tienen nuevas necesidades que cubrir conforme van creciendo y entrando en este nuevo ciclo de la vida. Una de las necesidades más importantes de esta época vital es formar su **propia identidad**. Están intentando responder a las preguntas: ¿quién soy yo?, ¿qué me gusta?, ¿qué quiero hacer? Están empezando a agobiarse con la presencia de sus padres y a tener una gran necesidad de ser más independientes y tomar distancia de ellos, para acercarse mucho más a sus iguales, es decir, a los colegas. Otra necesidad que toma fuerza en estas tierras es la sexual. Estos acantilados son un cóctel de hormonas. Este cóctel hormonal también se refleja en la intensidad emocional de estas adolescentes, lo que dificulta la gran misión de sus vidas: regularse. La cantidad de nuevas experiencias que están sintiendo en estos años, junto con los cambios físicos, viene acompañada de mil emociones. Estas adolescentes necesitan guías, apoyos y contextos seguros donde puedan expresar lo que sienten.

Para estas *teens*, la validación del grupo es vital para no sentirse una mierda. Siempre fue para ellas importante ser aceptadas y queridas, pero ahora es fundamental. Al igual que muchos otros animales, tenemos una potente necesidad de conformarnos y pertenecer. Adaptarse y encajar les ayuda a sentirse protegidas aunque unirse a la tontuna de la multitud también tiene sus consecuencias. Por ejemplo, en un experimento realizado por Asch en 1950, un 75 por ciento de los participantes daban una respuesta que sabían que era incorrecta sobre la longitud de unas líneas para coincidir con el resto del grupo. Cuando no estamos en sincronía con todos los demás, nos senti-

mos inseguras, revisamos lo que pensamos, lo vemos de otra manera, nos autoengañamos. Todo para encajar.

Y los adolescentes: esto × 3

EL ESTRÉS *TEEN*

Aun teniendo un apego seguro y unos padres estupendos salir airosa de esta época era complicado. Solo con tener más peso del estándar, llevar gafas, tener un tic, ser demasiado alta, demasiado aplicada o tener la voz muy aguda era suficiente para ser el blanco de ataques. El instituto es uno de los lugares más salvajes que he visto en la vida. Todas hemos sobrevivido al instituto. Mira a esa chica de allí en una esquina, sola. Se llama María. ¿Te acuerdas cuando en el instituto a alguna, o alguno, se le ocurría decir que eras tonta? ¿O que estabas flipada? ¿O que eras fea? ¿O gorda? ¿Te acuerdas de esa sensación? Yo la recuerdo como una patada en el estómago. Además, muchas de esas veces te enterabas por terceros. Maritrini se lo había dicho a Marilola, y Marilola te lo decía a ti. Esa chica de allí está pasando por eso mismo: le acaban de decir que varias compañeras están hablando mal de ella, dicen que es una pesada. En su mente, está intentando entender y gestionar un cúmulo de emociones que la desbordan. Hay una parte de ella que solo quiere desaparecer de ahí. Para siempre. Pero sabe que mañana va a tener que sentarse en el mismo sitio, al lado de la misma gente, sin escapatoria.

«¿Por qué me hacen esto a mí? ¡El viernes pasado las invité a mi casa y les dejé todas mis cosas! ¿Será por lo que le dije el otro día a Lidia? Además, Inés es superrara a veces, ¿por qué me tratan a mí así y no a ella? ¿Y si le pido perdón a Alicia? Tengo que hablar con Marta y explicarle que lo que han dicho no es verdad».

Su cabeza está teniendo mil pensamientos, está usando todos los conceptos sociales que ha aprendido en la vida, su capacidad relacional y sus predicciones para intentar sobrevivir a la situación como pueda. Y tú, ¿qué crees que va a hacer?

a. Pedirá perdón a Alicia y se unirá al grupo otra vez. Esto reforzará su tendencia a complacer.

b. Hará como que no pasa nada, pero no irá a alguna de las reuniones cuando queden juntas, cambiará de tema si vuelven a mencionar el asunto.

c. Durante los siguientes días estará bloqueada y no sabrá qué hacer.

d. Se cabreará con Alicia, tratará de convencer a las otras de que no tiene razón, a la vez que hablará mal de ella e intentará manipular el grupo a su favor.

¿Cuál eliges?

Correcto.

Todas estas opciones son correctas. Todas han pasado millones de veces, con miles de variantes. En este acantilado de *teens* y en cada instituto del planeta Tierra en el momento presente, hay muchas Marías pasando por un conflicto así, y eligiendo opciones para salir de esa situación estresante. Si estas adolescentes no han desarrollado capacidades emocionales que les ayuden a gestionar conflictos tanto en sus casas como fuera de ellas, este periodo de sus vidas puede ser muy difícil. Al ser una época clave para ellas, pues es el momento de formar su identidad y de encontrar su posición en el mundo, es también una época en la que corren el riesgo de desconectarse de su autenticidad.

Cuando tu yo auténtico es amenazado

Cuando naciste usabas tus respuestas ante el estrés de manera efectiva. Llorabas y protestabas si algo no te gustaba, empujabas con tu manitas e intentabas escapar de los brazos de tu tía la del pueblo y hacías muecas para sacar sonrisas a mamá. Tú, de bebé, **eras perfecta** y funcional. Ni una tara emocional; lo disfuncional vino después. Lo aprendiste. Desde el momento en el que apareciste en la barriga de tu madre expresaste tus necesidades. Si te cagabas en medio de un restaurante, no te planteabas ¿es este el lugar adecuado para cagarme? Simplemente lo hacías. De bebé, no entendías aún qué era portarte bien, qué se esperaba de ti mientras estabas en un evento social, o cómo debías oler. Tú, de bebé, ERAS. Según fuiste creciendo, aprendiste conceptos como «bien», «mal», «agradable», «desagradable», «llorona», «tonta» o «lista», y los aprendiste de la boca de los que más querías. La herida más grande que una niña puede sufrir es el rechazo de su ser auténtico. Cuando los demás no son capaces de validar tus emociones, necesidades y deseos, rechazando tu auténtico yo, se da la mayor amenaza posible. Estas adolescentes se culparán y minimizarán sus necesidades antes de renunciar a los vínculos. **Se rechazarán a sí mismas antes de ser rechazadas.** Estas adolescentes sacrificarán su autenticidad para ser queridas. Activarán respuestas para regularse y enfrentarse al estrés. Y puede ser que estas estrategias acaben tomando el mando de su vida y su identidad.

TRAICIONARTE A TI MISMA PARA SOBREVIVIR

Muchas de las adolescentes de estas tierras están sufriendo esa amenaza. La del rechazo cuando se expresan como realmente son. Algunas ya empezaron a sentirla desde bebés, otras, más de niñas, y otras la están sintiendo por primera vez ahora. Nuestra sociedad está repleta de ataques a los yoes auténticos. La invalidación del ser es parte de nuestra cultura. Cuando te sientes invalidada o amenazada, respondes protegiéndote. Cuando esta respuesta se activa constantemente, pasa a formar parte de tu personalidad. Te voy a presentar a algunas jóvenes cuya respuesta ante el estrés se ha convertido en su propia identidad:

- **Marta, la yo puedo con todo.** En algún momento se dio cuenta de que el barco se hundía y que si no cogía ella el timón, no lo cogía nadie. Ver sufrir a gente de su entorno era tan jodido que la única opción era ocuparse del caos ella misma. Ocuparse, tal vez, de hermanos pequeños, de una madre, de la casa. A partir de ahí, hay una parte de ella que no ha permitido que se caiga, porque inconscientemente cree que si ella cae, caen todos.
- **Eva, la controladora.** Necesita tener las cosas bajo control para encontrar algo de calma. Tiende a obsesionarse y pensar en *loop* para evitar la incertidumbre, que considera inaguantable. Vive evitando la

falta de control y el caos, que tanta inseguridad le trajo de niña. La compulsividad le ayuda a lidiar con la ansiedad y el miedo, dándole una estructura que la hace sentir segura.

- **Sonia, la invisible.** Sus opiniones y necesidades no fueron escuchadas en el pasado, o fueron juzgadas. Esto le hizo sentirse poco importante. Y encontró confort en el silencio y en pasar desapercibida. Prefiere tomar una posición atrás, donde no se la vea ni oiga, para evitar ser juzgada o ignorada.

- **Belén, la salvadora.** Se acostumbró a estar pendiente de todos, especialmente cuando sus padres estaban tristes o se enfadaban. Trata de hacer algo para calmar a los demás, con la creencia inconsciente de que puede evitar que sufran, así como que está en su mano evitar el caos y la tensión en su entorno. Vive responsabilizándose del resto y olvidándose de sí misma.

- **Sara, la siempre *pa'lante*.** Cree que pararse a pensar mucho o darle vueltas a la cabeza es una pérdida de tiempo. Las soluciones y el dinamismo son su estrategia de enfrentamiento, y reduce el volumen a lo negativo y prioriza lo positivo. Racionaliza su malestar diciendo: «No tengo motivos para quejarme, hay gente peor, vamos a movernos». A pesar de su actitud positiva, a veces niega o minimiza sus propias necesidades y emociones, esforzándose por mantener una fachada de felicidad constante incluso cuando lo está pasando mal.

- **Cristina, la niña buena.** Ha interiorizado la idea de que portarse bien le da valor. Entendió que seguir las normas y comportarse de la manera esperada hacía felices a todos. A menudo se ha centrado en cumplir con las expectativas de los demás y evitar decepcionar a alguien. Vive satisfaciendo al resto y olvidándose de sí misma.

- **Lola, la desconectada.** Se enfrenta al mundo desde una sensación constante de desconexión. A menudo siente que está viendo su vida desde fuera, sin estar plenamente presente en su propia piel. Esta desconexión la protege contra el dolor emocional o el estrés, pero también la aleja de sus propias emociones y experiencias.

- **Carmen, la víctima.** Para poder sentirse arropada, de alguna manera adoptó el papel de víctima, y ahora se siente impotente y atrapada en situaciones dolorosas. Cree que no tiene control sobre su vida y que es una víctima de las circunstancias. Ve el mundo con una perspectiva de buenos y malos, blancos y negros. Esto la deja en un estado de indefensión, ya que siente que toda la culpa la tienen otros y no depende de ella, lo que le impide asumir responsabilidad y moverse.

Puede que algunos de estos casos te resulten familiares o que te recuerden a tu pareja, familia o amigas.[10] Estos son solo algunos ejemplos, pero podríamos poner otros muchos más, como la perfeccionista, la rebelde o la cómica. Todas representan una estrategia de enfrentamiento que se ha convertido en parte de la personalidad de la persona. Por ejemplo, Sonia representa la protección; Cristina, la complacencia; Paula, el optimismo y la racionalización. No hay nada de malo en estas estrategias. Hay ocasiones en las que es funcional complacer, ser optimista o protegerse. Lo disfuncional es que estas respuestas se acaben convirtiéndose en un *modus operandi* para todo. Porque esto significa que **están evitando o ignorando otras partes de ellas**. O evitando lugares emocionales que no quieren sentir.

Las experiencias dolorosas que han vivido en sus vidas cada una de estas adolescentes, sus heridas, las han llevaran a activar estas estrategias para sobrevivir y puede que no sepan salir de ellas. Algunas ni siquiera recordarán en qué momento empezaron a ser así. Creerán que nacieron de esa forma. Sus respuestas ante el estrés se convertiran en su identidad. Pero estos mecanismos los crearon cuando eran pequeñas y no contaban con todos los recursos que tendrán a su alcance como adultas. Y aunque cuando sean adultas tengan otras opciones, la tendencia a seguir usando estas estrategias puede que predomine.

Cuando eras pequeña, estabas totalmente indefensa. Cuando te pasaban cosas, te defendías como podías. Y además, te asegurabas de no bajar la guardia para que no te volviese a pasar. Pero de adulta, dejas de ser una adolescente dependiente y sin opciones. De adulta quieres crear relaciones que funcionen. Y si estas estrategias disfuncionales siguen activas, va a ser difícil. **Es vital am-**

pliar tu abanico de respuestas, desarrollar nuevos modos y aprender a regularte cuando aparecen las dificultades. El objetivo no es sentirte bien todo el rato y que seas constantemente feliz. Todo lo contrario, el objetivo es que puedas sentir todas tus emociones y que puedas navegarlas y responder cuando estas aparezcan de una manera que está en línea con tus necesidades.

VISITAMOS A TU ADOLESCENTE

Ejercicio 1: La historia de mi adolescente
Responde a las siguientes preguntas para reflexionar sobre tus experiencias durante esta etapa.

Toma un boli y un lápiz y date tu tiempo para escribir:

- Cuando eras adolescente, ¿recuerdas momentos en los que no podías ser tú misma? ¿Qué hacías en esos momentos? ¿Con quién sucedía esto y dónde?
- ¿Recuerdas algún momento en el que tus padres no te apoyaron en tus decisiones? ¿Cómo respondiste?
- ¿Recuerdas algún momento en el que te sentiste juzgada por los demás? ¿Cómo fue? ¿Con quién? ¿Qué hacías en esas situaciones?

- ¿Qué lugares o personas eran fuente de regulación/seguridad/calma para ti? ¿Qué las hacía reguladoras?

En nuestra primera parada hemos visto a las *sapiens*. Parecen tan lejanas, tan diferentes. Luego hemos visto a las bebés, las niñas y, ahora, a las adolescentes. Parece que la niña que fuimos no tiene nada que ver con las primeras homínidas. Pero a todas nos une un hilo infinito. A todas nos unen las mismas necesidades. Todas requerimos ser abrazadas, vistas y sentirnos seguras. **Todas necesitamos pertenecer, confiar y conectar.**

6

EL TEMPLO DE LA LIBERTAD

Sé que en el fondo quieres romper el bucle y los patrones dañinos. Deseas dejar de vivir en modo supervivencia y sanar tus heridas. El siguiente sitio al que vamos es muy poderoso. Es un templo. Un lugar que te ayuda a dejar atrás lo que ya no te sirve.

Tú eres un agente de cambio, y está en tu mano crear un impacto duradero. Ahora que conoces el origen de lo que eres, ya no tienes por qué seguir siendo una espectadora, ni un recipiente pasivo de lo que te pasó. Ahora puedes ser arquitecta de tu camino. Esa es la verdadera libertad. Hay tanto de tu historia que no elegiste, tanto… Hay tanto que estuvo fuera de tu agencia. Pero ahora, en este momento, puedes empezar a moverte, y comenzar la transformación de víctima a superviviente. Enfrente de ti tienes nuevos caminos y posibilidades. Estos nuevos caminos dan miedo, son desconocidos. Prefieres los viejos que, aunque dolorosos, son familiares. Pero hoy decides que se acabó. Que es el momento de recorrer nuevas rutas y empezar a reescribir tu historia. La de ayer, la de hoy y la de mañana.

En esta zona de tu mundo, no te puedo acompañar. Este camino lo tienes que hacer sin mí. Aunque tampoco vas a estar sola. Este es el templo de la libertad. Es un lugar cálido y acogedor. Un espacio que te abraza nada más entrar. Un templo que no tiene dueño, ni dios, y que se transforma con cada persona que lo cruza. El templo está listo, está abriendo sus puertas. En él, estarás segura. Te esperaré fuera.

Tu guía se ha quedado atrás, debajo de un árbol. Enfrente de ti ves un templo. Es precioso. Si tú hubieras diseñado un templo, sería así. Tiene luz, es abierto. Transmite paz, calma y seguridad. Mientras te acercas a la puerta del templo, te paras a pensar en todo lo que has vivido hasta ahora en este viaje. «¡Cuántos descubrimientos!», piensas para ti. Y te detienes un segundo para conectar con una sensación de gratitud que aparece en el centro de tu pecho, por todo lo que acabas de vivir. Notas tu respiración al mismo tiempo que te diriges lentamente hacia el interior del templo. Una luz cálida que ilumina el espacio te hace sentir que estás en un lugar especial, protegido del tiempo y las preocupaciones. Es un lugar regulador. A medida que avanzas, observas que hay una apertura en el techo que ilumina un círculo de césped situado justo en el centro de todo el espacio. Te tumbas. Puedes ver el cielo desde esa posición. Hay un cielo increíble. Tumbada aquí, te sientes superanclada. Notas que tu cuerpo está en calma, que estás tranquila y puedes ver el mundo desde ese lugar. Te

sientes totalmente segura. Además, sientes la presencia de tu guía muy cerca, sabes que no estás sola. Piensas: «Si existe la calma y la paz interior, debe ser algo parecido a esto». En el centro de este templo, tumbada en la hierba, estás conectada con tu yo más regulado y resiliente. ¿Te acuerdas de ese momento en tu vida en el que más capaz de recuperarte y más conectada has estado? Así, así te sientes tumbada en este césped.

Escuchas un ruido. Te das cuenta de que has perdido la noción del tiempo y que llevas un buen rato echada, mirando el cielo. A gustísimo. Te incorporas y te sientas cruzando las piernas. Desde donde estás, puedes ver frente a ti dos bancos rectangulares, de cemento. También unas puertas a lo lejos. De una de esas puertas sale la sombra de una persona que se acerca. La sombra continúa avanzando hasta que se sienta en el banco. Eres tú, de niña. Con ese pelo que solías llevar. Con tus zapatos. Llena de alegría por verla, le preguntas cómo está. Te cuenta, y la escuchas emocionada. Mientras habláis, observas una nueva sombra salir de otra de las puertas. Se acerca y se sienta en el otro banco. Eres tú, de adolescente. Con tu mochila, con tu actitud. Ella también te cuenta cómo está, y tú le prestas atención. Les dices que te acuerdas mucho de ellas. Es más, a veces sientes la vida como si aún fueras ellas. Les confiesas que sus dolores aún te duelen. Les dices que, a veces, sus miedos se sienten como si fueran miedos actuales. Les manifiestas que aquello que les desregulaba a ellas te sigue desregulando a ti. Tu niña te dice: «¿Sabes? Me encanta cuando conectas conmigo y me das amor. Me encanta cuando viajas con tu mente al pasado y me abrazas. Pero recuerda que ahora ya no vives aquí». En ese momento, te das cuenta de que

ya no eres esa niña, ni esa adolescente. Es tu adolescente quien habla ahora: «Ven al pasado para entender tu historia. Abrázanos, cuídanos. Entiende cómo te afectaron las experiencias, pero vuelve. Vuelve a tu cuerpo y encárgate de él hoy. Tú tienes la libertad y las opciones que nosotras no tuvimos. Úsalas». Te quedas perpleja. Quieres abrazarlas, pero sientes que es importante sentir verdaderamente esa distancia que os separa. Sentirte como una adulta, cuyo pasado está allí, y cuyo presente está aquí. Te das un tiempo para tomar consciencia de esta realidad. Y notas que, desde este lugar, este césped en el que te sientes totalmente regulada, tranquila y brillando, eres capaz de mirar al pasado con otros ojos. Y te quedas ahí. Meditando eso. Con un pie en el presente y otro en el pasado. Te das cuenta de que desde aquí puedes continuar este viaje. También que, para viajar al pasado, necesitas un pie, una parte de ti, anclada en tu yo de hoy. No solo en tu yo de hoy, en tu yo regulado de hoy.

*Después de tomar consciencia de esta distancia, vuelves a mirar a **tus niñas**, a tu pasado. Eres capaz de sentir su dolor, sin ahogarte en él. El lugar en el que estás te permite sostenerlas sin caerte. Ellas saben que ahora sí, ahora puedes abrazarlas y sentirlas de cerca. Corren hacia ti y os abrazáis. Desde este sitio, conectada contigo y con tu centro, te conectas*

con ellas y las cuidas. *Les prometes que desde ahora en adelante siempre vas a estar ahí cuando lo necesiten. Les prometes que las vas a cuidar cuando sus heridas se activen. Les dices que, a partir de este momento, conectarás con ellas desde un lugar en el que seas capaz de sostenerlas. Les confiesas que, gracias a ellas, ahora ya entiendes cuál es ese sitio. Se lo agradeces. Mientras las abrazas, te das cuenta de que en el fondo del templo hay decenas de personas en la sombra. Miles de mujeres que os miran. Al tiempo* que abrazas a **tus niñas**, es decir, a tu pasado, comprendes que el pasado aún más lejano os observa. Son los ojos de todas las mujeres que vinieron antes de vosotras. Tu madre, tus abuelas con sus madres y sus abuelas. Todas esas mujeres que, de una manera u otra, forman parte de ti.

Y en ese preciso instante, lo ves más claro que nunca. Tu presente es tu responsabilidad. Te das unos segundos mientras tomas consciencia de ese compromiso. Y en el centro del templo, rodeada de tu pasado, te comprometes con tu presente. **Te comprometes con parar el patrón.** Te comprometes con reescribir la historia que heredaste. Y te comprometes porque te das cuenta de que eres la única que lo puede cambiar. Sientes una profunda sensación de paz y renovación. Sabes que has iniciado un viaje transformador hacia la liberación. Con una nueva fuerza dentro de ti y desde un nuevo lugar, te despides de todas ellas. Y cruzas las puertas del templo. Ves a tu guía bajo el árbol y con más ganas que nunca de continuar tu viaje interno, te acercas a ella.

¿Qué tal ha ido? Te noto más ligera. ¡He podido sentir la energía desde aquí! Tomar distancia de tu pasado y explorar las experiencias dolorosas de tu vida desde un lugar de regulación y seguridad es el camino para sanar tus heridas emocionales. Siempre puedes volver a este templo. Siempre estará aquí esperándote con **tus niñas**. Ellas te necesitan para que las abraces cuando más asustadas, tristes o cabreadas estén. Pero recuerda que te necesitan cuando verdaderamente puedas sostenerlas. Necesitan saber que ahora tienen a una adulta a su lado. Tú. Una adulta que puede cuidar de sí misma y capaz de salirse de aquellos lugares que le hacen daño. Es muy importante que experimentes esta distancia entre tu niña interior y tú. Hace mucho tiempo que dejaste de ser esa niña y olvidarte de eso, una y otra vez, es lo que realmente te está causando dolor. Graba dentro de ti esa sensación que has sentido sentada en el césped. Regístrala y archívala en tu consciente. Ahora que ya conoces ese sitio, estás lista para conectar con tus heridas emocionales.

Si quieres realizar esta visualización en audio, entra aquí:

7

EL BOSQUE DE LAS HERIDAS

Aprender a regularte es tu revolución. Y para conseguirlo, necesitas saber qué te desregula. Después de nuestra parada en el templo, tienes todo lo esencial para poder viajar a un sitio doloroso, pero necesario. Nos dirigimos al bosque de las heridas. El bosque en el que viven tus traumas y heridas emocionales. Es un bosque denso, muy denso. Donde las cosas tienden a esconderse. A gran parte de lo que hay dentro de él no le gusta que le dé la luz. Solo puedes entrar en este bosque cuando estás relajada, conectada contigo y en tu centro. Reconecta en tu mente con el césped del templo. Reconectar con tus experiencias dolorosas es duro, pero desde este lugar encontrarás la fuerza que necesitas para hacerlo.

En el bosque vamos a visitar varios sitios extraordinarios. Primero vas a entender qué es una herida emocional luego vamos a ir al impresionante muro de las heridas, después vamos a ir a un par de rincones muy especiales del bosque a descubrir cuáles son tus propias heridas y por último vamos a un cementerio, a celebrar el funeral de algunas partes de ti.

Qué es una herida emocional

Recuerda que estamos utilizando la palabra «herida» de una manera metafórica. Podríamos decir que las heridas emocionales, tal cual, no existen. Pero durante el viaje vamos a usar esta metáfora para referirnos a cualquier experiencia dolorosa del pasado que tu cuerpo y tu mente no han integrado de una manera funcional para ti. Estas «heridas», a menudo, se formaron en momentos difíciles durante tu infancia y adolescencia. Las heridas emocionales

se abren en momentos estresantes e intensos emocionalmente. Los momentos de gran activación del sistema nervioso son los que más recordamos o los que bloqueamos.
Por un lado, recordamos estos momentos más vívida-
mente que las experiencias emocionales más neutras. No
te acuerdas de lo que comiste el 30 de julio de 2010, pero
sí de la primera boca que besaste. Por otro lado, los momentos estresantes también pueden llevarnos a la disociación o el colapso. Cuando esto sucede, en vez de acordar-
nos de la situación y los detalles, la mente puede almacenar
la experiencia de manera fragmentada o incluso no recor-
darla. Ya conoces el ciclo del estrés. Cuando enfrentamos
un estresor, activamos recursos e integramos (hacer sentido de) la situación de manera funcional. Cuando este ciclo se realiza por completo, el cuerpo es capaz de superar
la situación e incluso evolucionar. A esa capacidad de recuperarse y crecer con las situaciones estresantes se le llama resiliencia. Pero cuando tu capacidad para superar esa
amenaza no es suficiente, o cuando tu mente no termina
de integrar ni dar sentido a la situación de una manera útil
para tu sistema nervioso, puede aparecer la herida.

Acuérdate de Lucía. Una de las cuatro niñas que cono-
ciste en el río. Su madre era agresiva con ella, ella no tenía la
capacidad para luchar, ni para huir. Los ataques la dejaban
bloqueada, indefensa. No podía salir de esa situación y ni si
quiera quería, porque, al final, su madre era su única figura
de apego. Su necesidad de supervivencia la llevó a ignorar

CICLO DEL ESTRÉS

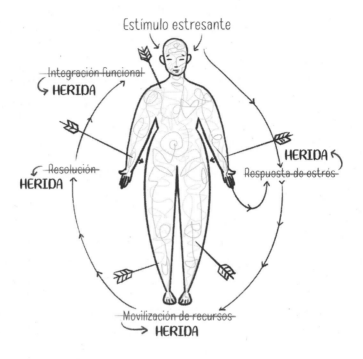

Estímulo estresante

Integración funcional
↳ HERIDA

Resolución
HERIDA

HERIDA
Respuesta de estrés

Movilización de recursos
→ HERIDA

sus propias necesidades y a pensar que no era suficiente. Esta manera de ver el mundo la ayudó a sobrevivir y darle sentido a la situación. Pero esta manera de vivir en vínculo (mis necesidades no son importantes) le va a hacer mucho daño, ya que no es sostenible. La ayudó en ese momento, pero no lo hará en el futuro. **Una estrategia que fue funcional en un contexto disfuncional probablemente será disfuncional en un contexto funcional**. Aunque ahora Lucía conozca a alguien que se interese por sus necesidades, Lucía puede que continúe como antes. Esta incapacidad de actualizar las estrategias al momento presente representa la herida. Y esa herida debilitará a Lucía hasta que la cure. Desde la perspectiva del cerebro predictor, las heridas serían predicciones disfuncionales. Muchas veces las heridas se curan y quedan cicatrices. Pero otras muchas, las situaciones difíciles no se integran, te siguen afectando y bloqueándote aunque pase el tiempo, y los mismos patrones se activan una y otra vez.

Podemos poner las heridas emocionales o traumas en un espectro. Por ejemplo, en tu cuerpo, un traumatismo puede ir desde un moratón hasta la rotura o pérdida de un miembro. El trauma psicológico es similar: puede ir desde algo pequeño a algo devastador. En función de la capacidad para enfrentar la situación estresante, tendríamos en un extremo el estrés y en el otro el trauma.

La profundidad de la herida depende del momento en el que pasó y de su gravedad. Las heridas que suceden en momentos vulnerables del desarrollo, como los primeros años de vida, pueden tener un mayor impacto. La gravedad de la situación que provoca la herida es subjetiva, no depende de la gravedad del evento en sí, sino de la intensidad con la que la percibió la persona. Por eso mismo, no toda la gente responde igual a un evento estresante. El contexto, la personalidad y los recursos disponibles determinan cómo te enfrentarás a una situación dolorosa y cómo de profunda es la huella que va a dejar en ti. La aparición de las heridas también es multifactorial. Tú eres tu único punto de referencia. **Las heridas y los dolores no se pueden comparar.**

El abuso físico o sexual deja una huella brutal en el cuerpo. Las heridas menos severas pasan más desapercibidas, pero también pueden dejar secuelas profundas. Ya hemos visto que tradicionalmente, cuando hablamos de trauma, pensamos en abusos, catástrofes y guerras. Pero las situaciones dolorosas menos severas, aunque crónicas (como un padre que no te acepta), son las más comunes en estos bosques. Los traumas severos se suelen esconder. Se rodean de silencio y vergüenza. Y los minitraumas se ignoran, se les quita importancia y se les baja el volumen. Y así andamos todas, heridas y calladas. Todas las niñas en este planeta han vivido algún tipo de situación potencialmente traumática. Estamos todas en el mismo barco. El trauma y el estrés, mayor o menor, es parte de la vida. Date un minuto, mira tu cuerpo y cuenta las cicatrices que hay en tu piel. Esas cicatrices también las tienes en tu ser interior. La presencia del dolor físico y psicológico es una característica inevitable de tu existencia.

Para sintetizar el concepto de las heridas en una sola frase que puedas entender claramente: las heridas son dolores del pasado que no has terminado de sanar y te afectan de manera negativa en el presente.

TU PASADO ES TU PRESENTE

El experto en traumas Peter Levine habla de cómo las experiencias traumáticas pueden llevarte a estar atrapada en el pasado, impidiéndote involucrarte completamente en el presente, lo cual tiene todo el sentido desde el punto de vista de un cerebro predictor. Y es que, como muy bien explica Joseph LeDoux en su libro *El cerebro emocional*, «la capacidad de formar rápidamente recuerdos de estímulos asociados con el peligro, retenerlos durante largos periodos de tiempo (quizá eternamente) y utilizarlos automáticamente cuando se presentan situaciones similares en el futuro es una de las funciones de aprendizaje y memoria más poderosas y eficientes del cerebro». Así funciona el sistema del miedo y de defensa.[11] Por ejemplo, si viste a tus padres pelear todo el tiempo, pensarás (predices) que las relaciones de pareja estarán llenas de conflictos y cuando conozcas a alguien nuevo se te activará el sistema de protección/defensa.

Te voy a contar la historia de Elisa. Hace poco, me fui con ella en un viaje interno a su planeta, como el que estoy haciendo contigo. A Elisa no le sentaba muy bien que le hicieran críticas o le dijesen que no sabía algo. De hecho, la frase «no, eso no es así» la irritaba especialmente. Nos fuimos a su bosque. Y en él, bien escondida debajo de un agujero en la tierra, encontró su herida. Se acordó de que, para su padre, nada de lo que hacía estaba bien. Este era dominante y autoritario. Un tío al que se le daban bien muchas cosas. Y siempre tenía una crítica, un apunte. Un «no, eso no es así» para Elisa. Ella sentía que nada de lo que hacía estaba bien, que siempre podía ser mejor, que se podía esforzar más. Cuando empezaba alguna actividad con su padre, él se irritaba por la lentitud de Elisa. Se cabreaba con ella y la llamaba tonta. Cada frase que su padre le decía iba reforzando la idea de que Elisa no era capaz de hacer bien las cosas. Elisa ahora tiene pareja. A su pareja le gusta debatir. Le encanta hablar de la vida y crecer a través de conversaciones sobre todo tipo de temas. Cada vez que él le decía la palabra «no» o le debatía, Elisa se ponía de los nervios. Esto les estaba dando muchos problemas y la relación se estaba deteriorando. Cuando su pareja le hacía este tipo de comentarios, Elisa se ponía pasiva-agresiva como hacía con su padre. Su cerebro predictor respondía como siempre lo había hecho. Y su pareja se estaba empezando a quemar. Ella tenía una herida que se seguía activando. Y aunque su pareja no tenía nada que ver con su padre, y sus noes venían de un lugar de amor al aprendizaje y crecimiento, Elisa los sentía como un ataque; no podía separar el pasado del presente. Después de visitar el bosque y darse cuenta de esto, empezó a sanar esa herida y gestionar mucho mejor estos conflictos. Se dio cuenta de que ya no era una niña y que su pareja no tenía nada que ver con su padre. Se dio cuenta de que ya era una adulta y que podía encargarse de sus pensamientos dañinos y aprender a regularse. Después de este proceso, sus relaciones mejoraron, su pareja la entendió, la apoyó en el camino y se hicieron más fuertes. Elisa se había quitado un gran peso de encima que llevaba con ella toda su vida.

Lo que le pasaba a Elisa era que vivía el momento presente a través de sus experiencias del pasado. Al ser algo que le había dolido mucho, se quedó grabado en su mapa interno. Aunque el ataque ya no existía, cuando su mente escuchaba algo parecido que le conectaba con aquella situación, reaccionaba como cuando tenía diez años. Cuando eres pequeña y sufres, tu mente almacena esa información. Por ejemplo, «Cuando esto pasa, me siento así, pienso esto y hago esto», en el caso de Elisa era: «Cuando mi padre me crítica, me siento pequeña, pienso que tengo que esforzarme más y que no soy suficiente y le evito el resto del día». Cuando la pareja de Elisa le hacía estos comentarios, su respuesta inconsciente se activaba automáticamente.

CUANDO TU SISTEMA VIVE HACIENDO LA GUARDIA

Una de las secuelas que dejan los eventos estresantes es la hipervigilancia. La hipervigilancia es una hiperactivación del cuerpo. Cuando sufres un evento doloroso, una parte de ti **se compromete** a no tener que pasar por eso otra vez. Para protegerse, se pone alerta. Se pone hiperalerta. Está de guardia todo el día. Hace un gran esfuerzo para reconocer, predecir y evitar el peligro. Tu mente hace escaneos constantes de los demás para asegurarse de que no te hagan daño. Y muchas veces, además, te lanza los escenarios más catastróficos futuros, para que no bajes la guardia. Tu sistema de defensa, el del miedo, se pone en marcha a la mínima expresión de que puedas sufrir un ataque. Esta ansiedad e hipervigilancia son algunas de las consecuencias de un sistema nervioso desequilibrado. Como Elisa con su pareja. Como un veterano de guerra que se tira debajo de un coche al escuchar fuegos artificiales. Recuerda, no importa en qué parte del espectro de la gravedad esté la situación traumática, la guerra de Vietnam o un padre exigente; todos forman parte del mismo sistema: un sistema predictor que usa las experiencias pasadas para crear tu realidad. La herida emocional se activa, y el sistema se pone en marcha para defenderse. El problema es que el ataque ya no existe. **Y tú res-pondes como si ocurriese.** Es más, dentro de ti sientes el ataque como una realidad total. Lo importante, hermana, es que empieces a identificar cuándo es una herida emocional y cuándo es un ataque real. O si se dan las dos a la vez, cuánto hay de cada una. Dónde está el pasado y dónde está el presente. Y así podrás realizar tu misión vital: responder de manera efectiva y volver a un estado de calma cuando sea necesario (regulación).[12]

EL MURO DE LAS HERIDAS

¿Cuáles fueron los momentos de mayor desregulación de tu vida? Puede que te cueste poner nombre a tus heridas. Se trata de un asunto muy subjetivo, que toma una forma distinta en cada una. Probablemente esas cosas que aún te duelen y determinan hoy, tengan que ver con situaciones de alta desregulación que has tenido en el pasado, que no se resolvieron de manera funcional. Es importante que identifiques cuáles son las tuyas. No tienen por qué tener nombre; tampoco todas tenemos las mismas heridas. Algunos autores hablan de la herida del abandono, de la culpa, etc. Esto son tan solo conceptos que ayudan a categorizar algunas de las heridas emocionales (que también es un concepto) más comunes, pero ten muy presente que cada una experimenta y procesa estas situaciones de forma única. El primer sitio al que vamos en este bosque es un lugar extraordinario. Es un muro en ruinas donde las mujeres venimos a escribir nuestras heridas. Así, juntas y conectadas por el muro, nos ayudamos a reconocerlas, a ponerles nombre y a verbalizarlas. Este muro te ayuda a no sentirte sola, a ver tu dolor en otras mujeres. Te ayuda a darte cuenta de que estos dolores son compartidos. En este muro abandonado las mujeres han escrito sus heridas desde hace generaciones. Cada frase pertenece a diferentes mujeres que sienten que esa herida las representa. Antes de que tú conectes con las tuyas, me gustaría que leyeses una serie de frases que describen situaciones que podrían ser el origen de heridas emocionales. Están agrupadas según el contexto y el tipo de situación.

- **Posibles heridas en contextos familiares donde no te sentías segura**: «Mi padre/madre me daba miedo, a veces era violento o agresivo»; «Cuando me caía o me metía en problemas, me culpaba, me castigaba y me insultaba»; «Mi hermano/a me ignoraba»; «Mi hermano/a me pegaba»; «Alguien de mi familia abusó de mí»; «No me sentía segura en casa»; «Alguien me hizo daño y mis padres no me protegieron»; «En casa, sentía que tenía que caminar sobre cáscaras de huevo»; «Mis padres tenían discusiones muy violentas entre ellos»; «Mi padre/madre me pegaba».

- **Posibles heridas en contextos familiares donde no se conectaban contigo emocionalmente:** «Cuando expresaba cómo me sentía, mi familia le quitaba importancia»; «En casa no se hablaba de emociones o se bromeaba cuando salía el tema»; «Me decían: "No es para tanto", "Deja de dramatizar", "Drama Queen", "Exagerada"»; «Mi padre decía que llorar era de caprichosa, que en esa época lo teníamos todo y no había motivos para quejarme»; «Cuando explicaba que algo me molestaba, asentían sin prestarme atención, pendientes de otra cosa»; «Me castigaban por llorar»; «Mi padre nunca me preguntó sobre mi vida y lo que me gustaba».

- **Posibles heridas en contextos familiares donde te criticaban y moldeaban:** «Mi madre contestaba por mí»; «Cuando daba mi opinión me decían que no tenía ni idea, que les escuchara a ellos»; «Mi madre solía compararme con otras niñas y me decía que debería ser más como ellas»; «Escuchaba mil veces "No, eso no es así"»; «Mi padre/madre me decía que lo hacía todo mal»; «Mi padre/madre me decía que era tonta / muy tímida / muy escandalosa / etc.»; «Mi papá solía hablar por encima de mí».

- **Posibles heridas en contextos familiares donde no te ponían límites ni respetaban los tuyos:** «Me metían en sus problemas de pareja»; «Se metía en mis temas con mis amigas»; «Hablaba con las madres de mis amigas de mis cosas personales»; «Me contaba cosas de su vida que no debería saber»; «Mi padre me ponía en contra de mi madre»; «Mis padres se peleaban delante de nosotros»; «Mi madre me pedía consejos para tomar decisiones».

- **Posibles heridas en que un padre o una madre dependía de ti**: «Me convertí en la cuidadora de mi madre/padre»; «Mi madre me decía constantemente que un día la iba a matar de un infarto»; «Mi madre me buscaba para que la consolase»; «Mi hermano estaba enfermo y me tenía que encargar de la casa»; «Mi madre era alcohólica y me tuve que encargar de mi hermano»; «Mi madre vivía con ansiedad de que me pasase algo».

- **Posibles heridas en que un padre o una madre no estaban presentes física o emocionalmente**: «Mis padres se separaron y no veía a mi padre»; «Mi madre estaba tan preocupada con sus problemas que no podía apoyarme en ella en ningún momento»; «Mi padre tuvo depresión y estaba ausente»; «Mi madre trabajaba todo el tiempo y apenas la veía»; «Había tanto caos en casa que aprendí a estar sola»; «Pasaba mucho tiempo sola porque trabajaban»; «Iba sola al colegio y hacía la comida».

- **Posibles heridas en que un padre o una madre eran sobreprotectores**: «Mi madre controlaba cada aspecto de mi vida»; «Mi madre tomaba todas las decisiones por mí»; «A mi padre le preocupaba tanto que me pasase algo que no me dejaba tranquila»; «Viví ataques de ansiedad de mi madre por separarme de él»; «Mi madre me transmitía constantemente su preocupación por mí».

- **Posibles heridas relacionadas con la sexualidad**: «Mis padres nunca me hablaron de sexualidad»; «Mis padres me rechazaron por ser gay»; «Viví años con miedo a ser rechazada por ser quien era»; «En mi casa, mis padres hacían comentarios homófobos»; «Mis compañeros se reían de mí por ser masculina»; «En clase me decían que parecía gay».

- **Posibles heridas con amigas**: «Me sacaron del grupo»; «Mi mejor amiga me dejó de hablar»; «Me hacían *bullying*»; «Me insultaban de pequeña»; «Yo hice *bullying* a otras niñas de pequeña»; «Mis amigas me dejaban fuera de sus planes»; «Una amiga compartió un secreto mío con otras personas»; «Difundían rumores falsos sobre mí»; «Hablaban mal de mí a mis espaldas»; «Mis amigas me dejaron de hablar de repente».

- **Posibles heridas con amores**: «Sufrí violencia por parte de mi pareja»; «Tuve una pareja manipuladora y abusadora»; «Me dejaron y nunca lo superé»; «Me engañaron»; «Nunca pude vincularme por miedo»; «Nunca pude vincularme porque me sentía insegura».

Recuerda que estos son solo ejemplos. Hay muchas más, ¡infinitas! Puede que algunas de estas frases te resuenen con respecto a otras personas distintas a las que hemos puesto en los ejemplos, como una abuela, un profesor o una entrenadora. Lo importante es que una vez las leas, identifiques cuáles representan tus propias heridas abiertas y las pongas con tus palabras y en relación con tu propia historia de vida.

Ejercicio 1: Identifica tus heridas
Aquí tienes un código para acceder a un muro virtual donde puedes escribir tus heridas emocionales junto a las de otras mujeres. Utiliza los ejemplos expuestos arriba para inspirarte y reconectar con las tuyas.

Puede que cuando leas todo esto te haga conectar con muchísimas situaciones. Incluso puede que hayas superado y asimilado algunas de ellas a lo largo de tu vida. Por ejemplo, recuerdo a Vero, una paciente que sufrió *bullying*. Ella había integrado esa experiencia, le dolía cuando se acordaba, pero se había dado cuenta de que el acoso que sufrió no tenía nada que ver con su valor propio. Comprendió que la inmadurez de otras personas no era algo personal hacia ella. Este proceso que realizó en nuestra terapia grupal la ayudó a desarrollar muchísimo su inteligencia relacional y a vivir sin rencor. Otra paciente, Bea, perdió a su padre relativamente joven; ella se dio espacio para sentir el duelo y conectaba con el dolor cada vez que lo necesitaba. Con el tiempo dejó ir la culpa que sentía por las veces que se había peleado con su padre y por no haber pasado más tiempo con él. Pasado un tiempo, pudo aceptar la situación.

Estos dos casos son un ejemplo de que no todas las situaciones estresantes acaban en herida. Para continuar explorando tus heridas te animo primero a identificar las situaciones estresantes. Y después, a reflexionar sobre cuáles de esas experiencias aún te afectan a día de hoy y cómo. Conozco a la persona que te puede ayudar con esta tarea, y tú también.

Tu niña interior conoce tus heridas

Mira hacia arriba, hacia la copa de ese árbol. Allí hay una casita, tu niña interior te espera dentro. Aunque, antes de subir, recuerda el césped verde del templo. Recuerda lo conectada y regulada que te sentías allí. Conecta con ese lugar de nuevo y luego sube a encontrarte con ella. No olvides que cuando vayas a recordar o revivir lugares dolorosos, te va a ayudar hacerlo desde ese sitio. Te espero aquí abajo.

Pones tus pies sobre la escalera de madera que te lleva hacia la casita. Huele a bosque. Las tablas de la escalera están húmedas, tienen musgo, son viejas.

Empiezas a subir y la perspectiva cambia. Es un bosque oscuro, de esos eternos. Impresiona. Aunque a la vez se siente familiar. Continúas subiendo hasta llegar arriba y te paras a apreciar la vista. Todo se ve bello desde aquí. Puedes ver de cerca las copas de los árboles. Te giras hacia la casita y entras por su pequeña puerta. Dentro ves de nuevo a tu niña interior. Está jugando. Está tranquila. Tiene un montón de lápices, ceras y papeles con los que está dibujando. La acompañas y dibujas un ratito con ella. En tu interior, sabes que estás aquí para hablar con ella. Para que te cuente cuáles son sus heridas. Qué le dolió y quién generó ese dolor. Cuidadosamente te acercas y le preguntas.

Ejercicio 2: Identifica tus heridas de niña

Coge un papel y un boli y pregúntale a tu niña interior lo siguiente:

- ¿Qué experiencias dolorosas (usa el muro de las heridas) recuerdas especialmente?

Por cada una de las experiencias que tu niña interior te mencione, pregúntale con cariño:

- ¿Cómo te hizo sentir esa experiencia en ese momento?
- ¿Hablaste de esa experiencia con alguien de confianza? ¿Con quién?
- ¿Qué hiciste para enfrentarte a esa situación?
- ¿Qué conclusiones sacaste como resultado de la situación?
- ¿Cambiaste cosas de ti como resultado de esa vivencia?

Ahora pregúntate como adulta:

- ¿Sientes que esa experiencia aún te afecta en tu vida diaria? ¿De qué manera?
- ¿Tienes miedos o inseguridades que están vinculados a esa vivencia?

Después de responder a las preguntas con cada experiencia dolorosa, te despides de tu niña. Le recuerdas que ahora tú siempre la protegerás y estarás ahí para escucharla. También le dices lo triste que te hace sentir saber que ha tenido que pasar por todo eso sola, y que no es su culpa. Ella no lo causó. Le cuentas que ahora tú te encargarás de autorregularlos desde

un nuevo lugar (el césped del templo). La niña te
dice que lo sabe, que desde que os reencontrasteis en
el templo, te siente presente. Te lo agradece con una
sonrisa y os despedís con mucho amor.

Sales de la casita del árbol y miras hacia el ex-
terior. El bosque transpira tranquilidad. Te sientes
serena y conectada contigo y tu niña. Bajas las esca-
leras de madera, esta vez con más facilidad. Cuando
pones los pies en la tierra, te tomas unos minutos para
conectar con las heridas de las que te ha hablado tu
niña, así como con su dolor. Aunque te duele, por un
lado, conectar con estos recuerdos, por otro, te alivia
y te da paz conectarte con ella. Ahora te sientes más
cuidada. Te diriges de nuevo hacia tu guía, que te
espera sentada sobre una roca.

¿Qué tal ha ido con tu niña? Si lo necesitas, tómate el tiempo que haga falta para preguntarle de nuevo y responder a cada pregunta. Siempre puedes volver a esta casita en el árbol, porque en realidad, está dentro de ti. Ven, vamos por este camino, me gustaría que vieses otro sitio. Mira detrás de ese árbol. Apoyada y medio escondida, está tu adolescente interior. A veces las heridas más profundas no fueron en tu niñez, sino en tu adolescencia. Ve a hablar con ella, te está esperando.

Ejercicio 3: Identifica tus heridas de adolescente

Coge un papel y un boli y plantéale a tu adolescente interior las siguientes preguntas:

- ¿Qué experiencias dolorosas (usa el muro de las heridas) recuerdas especialmente?

Por cada una de las experiencias que tu adolescente interior te mencione, pregúntale con cariño:

- ¿Cómo te hizo sentir esa experiencia en ese momento?
- ¿Hablaste de esa experiencia con alguien de confianza? ¿Con quién?
- ¿Qué hiciste para enfrentarte a esa situación?
- ¿Qué conclusiones sacaste como resultado de la situación?
- ¿Cambiaste cosas de ti como resultado de esa vivencia?

Ahora pregúntate como adulta:

- ¿Sientes que esa experiencia aún te afecta en tu vida diaria? ¿De qué manera?
- ¿Tienes miedos o inseguridades que están vinculados a esa vivencia?

Escuchas atentamente mientras tu adolescente interior te cuenta su historia y juntas veis cómo te afecta todo esto a día de hoy. Cuando acaba, la abrazas. Le dices que sabes lo duro que fue todo. Le recuerdas que todos sus dolores son importantes y es lícito que llore o se cabree, si es lo que necesita. La sostienes mientras lo hace. Te despides con un abrazo apretadísimo. Te incorporas y te diriges hacia tu guía, que te espera bajo un árbol. Mientras caminas hacia ella, sientes que tu pecho se expande y que tu estómago se relaja. Notas tus piernas más ligeras. Cada vez que le das espacio a tus dolores, la energía fluye y se desatan nudos. Tu cuerpo te lo agradece. Te acercas al árbol y te reencuentras con tu guía.

¿Qué tal ha ido con tu adolescente? Recuerda que siempre puedes volver aquí a hablar con ella, escucharla y escribir lo que te quiera expresar. Cada vez que abres espacio para tu dolor y entiendes tu historia, es bálsamo para tus heridas. Sobre todo, cuando te aseguras de que escuchas esa historia desde tu yo regulado. Siempre que te encargas de tus heridas, dejas espacio para poder encargarte de tu cuerpo en el presente. Aunque puedes contestar estas preguntas sola, te animo a que también realices este proceso acompañada de una buena experta que te pueda sostener y guiar.

Si quieres realizar esta visualización en audio ve aquí:

DAR UN NUEVO SENTIDO A TU PASADO

Las experiencias que tuviste de pequeña fueron encapsuladas como una pieza de información por tu cerebro, que las metió en tu disco duro. Tu mente almacena la información de una manera subjetiva en respuesta a las experiencias. La mente narra y da sentido a los estados del sistema nervioso. Esa información se almacena filtrada, lo que significa que queda influenciada por tu perspectiva en ese momento. Si la situación pasó cuando tenías cinco, siete, doce o diecisiete años, tu perspectiva de ese momento influirá en la narrativa y en la respuesta emocional que tienes en torno a esa experiencia hoy. Por ejemplo, si tu madre no te prestaba atención porque estaba ocupadísima, tú sacaste la conclusión de que no eras importante y no tenías valor. Esta conclusión forma parte de cómo vives el mundo hoy. Tu mente tiene esa idea como cierta, como una verdad.

Algunos ejemplos de conclusiones son: «Si muestro mis emociones, me verán como débil»; «Mi valor depende de lo que otros piensen de mí»; «Si complazco, me aceptan y valoran»; «Mis necesidades no son importantes»; «Lo hago todo mal»; «Al final me van a acabar abandonando». Sacaste estas perspectivas o conclusiones en momentos estresantes y se quedaron contigo formando parte de tu visión del mundo. Influyen en tus acciones y decisiones como adulta. Es decir, **las conclusiones que sacaste en el pasado son las gafas con las que ves el mundo hoy**. Y esto es precisamente lo que hace tu cerebro predictor de manera automática, como ya viste en la tierra de las ancestras. Si no tomas consciencia, el cerebro predictor seguirá poniendo en marcha sus automatizaciones. Una vez que tomes consciencia de estos mecanismos, podrás ver tus experiencias del pasado desde tus ojos de adulta y darles otro significado. No puedes cambiar tu pasado, pero sí cambiar la manera en la que lo tienes almacenado en tu cabeza, y eso te ayudará a que tu cerebro predictor trabaje de tu lado y deje de lanzarte avisos de peligro y protección. **Resignificar** es el proceso a través del cual le das un nuevo significado o interpretación a una experiencia pasada. Cuando le das nuevo sentido a los dolores del pasado y los integras en tu historia desde la aceptación, te deja espacio y energía para poder conectarte con el momento actual. El objetivo es que aprendas a vivir con los recuerdos sin sentirte atropellada por ellos en el presente.

Parte de lo que hemos hecho durante este viaje, realmente, es resignificar. Durante este proceso has vuelto a tu pasado para mirarlo de otra manera. Hemos realizado paradas en tus diferentes etapas de vida. Hemos ido a tus primeros años, a tu niñez y a tu adolescencia, y los hemos mirado desde una nueva perspectiva. Y esto, sienta muy bien. Hagámoslo más.

Ejercicio 4: Ver situaciones con nuevos ojos
Imagina que tienes unas gafas con las que, cuando te las pones, eres capaz de ver el sistema nervioso de los demás. Puedes ver cuando otra persona esta calmada (regulada) o alterada (desregulada). Ponte las gafas y realiza los siguientes pasos:

1. Entra en una interacción y escucha activamente a la otra persona.
2. Pronuncia interiormente una frase que reconozca el sistema nervioso de la otra persona: «Está en calma», «Está desregulado», «Está activo y contento», «Está colapsando», «Está desregulado y en modo ataque/defensa».

3. Identifica cómo te afecta el estado del sistema nervioso del otro.
4. ¿Qué haces cuando la otra persona te desregula? Identifica tus patrones de respuesta.

Recuerda que las gafas son simbólicas y son solo una ayuda para anclar la práctica. El objetivo es que automatices esta perspectiva y la incorpores a los ojos con los que miras el mundo.

Con este ejercicio estás viendo el mundo desde la perspectiva del sistema nervioso. Probablemente sea algo nuevo para ti. Cuando miras el mundo desde una perspectiva del sistema nervioso, todo cambia. Tendemos a juzgar las acciones de los demás y las propias como buenas o malas, pero el sistema nervioso no piensa en términos de bondad o maldad, simplemente intenta calmarse con las opciones que ha aprendido hasta ese momento. No es lo mismo pensar que una amiga te miente porque es mala que creer que es incapaz de regularse a sí misma. No es lo mismo pensar que hay algo mal en ti que saber que simplemente no sabes regularte.

EMOCIONES CONTRARIAS

Usar esta perspectiva del sistema nervioso ayuda a empatizar. Aunque empatizar puede ser conflictivo para algunas personas. Por un lado, hay personas que usan la empatía para protegerse. Empatizar con el otro para ellas es una manera de evitar conflictos, complacer y justificar al otro, olvidándose de sus límites y poniéndose ellas al final. Por otro lado hay gente que siente que empatizar es justificar al otro o perdonarle. Lo ven como un sacrificio que no todo el mundo se merece. Ninguna de estas opciones es la ideal. Lo funcional es que puedas empatizar a la vez que cuidas de ti. Por ejemplo, puedes ir al pasado y recordar una situación en la que te sentiste muy dolida con alguien y mirarla desde la perspectiva del sistema nervioso. Esto no implica justificar lo que hizo, ni ignorar tu dolor. A la vez, puedes conectarte con tu dolor por esa vivencia y sentirlo profundamente. Puedes conectar con tu cabreo o tristeza y al mismo tiempo empatizar. A veces pensamos que solo podemos sentir una cosa u otra. Que si sientes perdón hacia esa persona, significa que ya la has perdonado y que no puedes sentir cabreo. Como si buscases el punto y final. **Pero lo común es que fluyamos entre emociones contrarias.** En un momento puedes, a través de las gafas del sistema nervioso, empatizar y perdonar y al día siguiente que llegue una ola de cabreo de nuevo y sentirte como si tuvieras cinco años otra vez. Esto es lo que realmente pasa en los duelos u otros momentos complejos emocionalmente. Que aparezcan emociones opuestas es funcional. **Cierta fluctuación entre el cabreo y el perdón es natural y sana.** Hermana, el objetivo no es que sientas algo determinado, sino que aceptes cualquier estado emocional que venga y su fluidez.

EL FUNERAL

Al final del camino, hay una explanada. Allí hay un cementerio con tumbas. Tumbas para cada una de las partes de ti que murieron a lo largo de tu vida. Algunas de estas partes llevan una vida entera esperando a que las veles. Solo necesitan que te pases a reconocerlas al menos una vez. A que las identifiques. A que les hagas honor y les pongas unas flores. Puedes ir cogiendo las flores que estás viendo en el camino hasta que lleguemos. Este es un espacio para sentir y validar. ¿Ves todas las lápidas dispersas en el suelo? Cada una de ellas representa una parte de nosotras que murió en momentos difíciles de la vida.

- Descanse en paz la parte de mí que se sentía cómoda llorando
- Descanse en paz mi autenticidad
- Descanse en paz mi autoestima
- Por la niñez que nunca tuve
- Cuando murió el sentirme segura

- RIP a mi autocompasión
- RIP a la sensación de ser suficiente
- RIP a sentirme con valor
- RIP a sentirme cómoda siendo yo
- RIP a mi niñez con apoyo emocional
- RIP a una niñez protegida
- RIP a ser vulnerable

Estas partes necesitan ser reconocidas y honradas. Mira, aquí está la primera tumba con una de tus partes. No tiene nombre. Se lo tienes que poner. ¿Qué parte de ti murió con cada herida?

Ejercicio 5: Vela tus pérdidas

Dedica un tiempo a velar la pérdida de esas partes de ti. Cuando conectes con ellas, pueden aparecer *flashbacks* o recuerdos de personas y situaciones que te hicieron daño. Conéctate con tu dolor y dale el espacio que necesite.

1. Identifica alguna parte que murió en ti.
2. Dibuja una lápida, ponle el nombre de esa parte y colócale una flor.
3. Quédate con el dolor unos minutos, y conecta con la tristeza o el cabreo si lo necesitas.

Es natural que sientas rabia y tristeza cuando miras estas lápidas. Mientras lo haces, date unos segundos para sentir las respuestas internas de tu sistema nervioso que aparecen de manera natural. Hacer un duelo, como muy bien explica Peter Walker en su libro *The Tao of fully feeling*, es expresar tristeza y rabia por un dolor o una pérdida. Si durante este viaje sientes que alguna de estas emociones afloran, hermana, es una buena señal de que te estás reconectando. Date espacio, y siéntelas. Conectar con la tristeza y la rabia que aparecen de manera natural es uno de los primeros pasos hacia la validación y el autocuidado.[13]

Algunas de estas partes enterradas no podrás recuperarlas. Tu niñez, por ejemplo, no se puede cambiar. Observa cómo reacciona tu cuerpo al conectar con esta realidad. Cuando dejas que la rabia y la tristeza tomen espacio sin censurarlas, estás resucitando alguna de estas partes de tu yo pasado. No puedes resucitar lo que tus padres, tus profesoras o tus abuelos no hicieron por ti. **Pero sí puedes hacer volver aquello que tú enterraste como consecuencia de esos abandonos.** Puedes resucitar tu capacidad de llorar, de ser auténtica, de tener autocompasión o de ser vulnerable o cabrearte.

A veces, nos cuesta conectar con nuestras heridas. Es posible que cuando conectaste con tu pasado, con tu niña y con tu adolescente, te hayas acordado al instante de todo lo que sufriste y lo hayas podido escribir. Pero también puede que no te acuerdes de cosas o te sea difícil conectar con ciertas experiencias, que durante mucho tiempo te hayas esforzado por no sentir el dolor. Huyendo de él o bajándole el volumen. Bloqueando momentos dolorosos y escondiéndolos en rincones de tu mente. Cuando te cuesta conectar con el dolor, a veces es una señal de que, inconscientemente, lo tienes bloqueado o minimizado. Para algunas personas, cuando intentan conectarse con el dolor, automáticamente aparecen defensas como la vergüenza tóxica, la evitación o el victimismo. Para ellas, las lágrimas se convierten en autoataques o invalidaciones: «¡Qué cutre eres!», «Normal que nadie te quiera, con todo esto», «No fue tan malo», «¿Para qué lloras? No te sirve de nada lamentarte». Y para otras personas, el dolor se convierte en victimismo: «Mi vida es un desastre», «Nadie me entiende», «¡Qué injusta es la vida!». Puede que cuando intentas conectar con el dolor, surja una voz crítica que no te lo permita. Esa parte de ti no quiere que sufras más. Me parece que vamos a tener que ir a hablar con ella. Es el momento perfecto para ir a nuestro siguiente destino: el caserío de los pensamientos, donde vive tu voz crítica.

8

EL CASERÍO DE LOS PENSAMIENTOS

Es hora de ir a un lugar muy íntimo. Es uno de los sitios más personales de tu planeta. Se trata de un caserío, el caserío de los pensamientos. Aquí viven tus voces más críticas. Estas paredes están llenas de las frases que te dices a diario. Te aviso: tu vida no va a ser igual después de pasear por sus habitaciones. En el interior de este caserío habita la relación que tienes contigo misma. Y, por supuesto, aquí tenemos una misión. Una misión estelar.

Sí. Lo sé. Aventura tras aventura, hermana.

En este caserío vamos a explorar diferentes estancias. Primero iremos habitación por habitación escuchando a las hirientes voces críticas, luego vas a descubrir el secreto mejor guardado de este caserío y en la última habitación vas a tener un encuentro muy importante con tu crítica interna.

El caserío de los pensamientos

Tu voz crítica

El secreto mejor guardado

Las habitaciones de las voces críticas

TU VOZ CRÍTICA INTERNA

Al igual que hay una manera en la que te comunicas con cada una de las personas en tu vida, también tienes una forma de comunicarte contigo misma. Hay un tono, una actitud, un volumen. Tú eres la persona con la que más vas a hablar durante toda tu vida. En tu cabeza hay una conversación constante, que representa la relación que tienes contigo. Y no te voy a pedir que te la imagines, porque la vas a escuchar por ti misma dentro de este caserío. Este es como un espejo gigante, con mil habitaciones, las de tu mente. ¿Oyes esas voces? Parecen venir de todos lados. Nunca se callan. En cada una de estas habitaciones viven tus voces críticas.

La voz interna crítica, que algunos autores llaman «juez interno», es el diálogo interno negativo y crítico dentro de tu mente. Es esa voz que juzga y cuestiona tus acciones, decisiones, apariencia o emociones. Toma diferentes formas y, a menudo, tiene su origen en las heridas emocionales que acabas de explorar. Todas necesitamos tener la capacidad de autocrítica y mejora, para darnos cuenta de que estamos haciendo daño a alguien o a nosotras mismas. La voz interna tiene una gran función. El problema es que la versión crítica de la voz interna hace esta función de una manera agresiva, destruyendo en el camino tu autoestima y confianza. Te critica usando argumentos que son simplemente falsos, innecesarios y aplastadores. A veces, lo hace de una manera agresiva y radical. Otras, pone su atención afuera y su crítica va dirigida a otros, o te convence de que hay peligros donde no los hay.

Ahora vas a conocer a estas voces. Date tu tiempo para escuchar a cada una de ellas. En la primera habitación, vive la voz de la comparación.

La voz de la comparación

«Menuda cara de mierda llevas hoy».
«Ese vestido te quedaría mejor si te quitases un par de quilos».
«Ojalá fueras así de guapa».

«¿Has visto el caserío de los pensamientos de al lado?».

«¿Cómo llevas eso que tenías en mente? ¿Continúas procrastinando? A estas altura deberías haber llegado más alto. Otras lo han conseguido. Llegas tarde».

«Buah, hoy estás muy guapa. Comparadas contigo, esas otras no tienen nada que hacer».

«¿Mecánico? ¿Y sin estudios? Uf, qué perdedor. ¡Tú al menos tienes carrera!».

La voz de la comparación parece no tener fin. Siempre encuentra un estándar con el que medirte a ti o a otros. Para esta voz tu valor está en lo que haces, en cómo luces y en lo que tienes en comparación con otras personas. Incluso cuando esta voz está contenta porque has conseguido algo, sigues sufriendo el efecto de su estándar. Es la voz que te recuerda todo el rato lo que no tienes y lo increíble que sería tenerlo.

La voz de la culpa

«Ojalá pudieras retroceder en el tiempo».

«¿Por qué has vuelto con él?, ¿es que eres imbécil? Con todo el daño que te hace y tú aquí otra vez. Te mereces que te duela, por tonta».

La voz de la culpa es muy machacadora. No te da tregua. Como un eco constante, te subraya todo aquello que podrías haber hecho de otra forma. Te hace cargar con un peso invisible pero inmenso. Es la voz que te responsabiliza de las emociones o actitudes de los demás. La voz que te recuerda constantemente que hay muchas cosas que podrías haber hecho de manera distinta para que ciertas situaciones actuales fueran diferentes.

La voz destroyer

«Eres una mentira, un fraude».

«Eres un desastre».

«Eres un ridícula».

«Eres patética».

Esta voz es fulminante y viene acompañada de la vergüenza tóxica. La culpa funcional sería «Cometí un error, hice algo mal». La vergüenza tóxica te dice: «Lo que está mal eres tú, algo está mal en ti». El problema es que aquí la vergüenza pasa de ser una emoción a una identidad. Esta es la voz que te recuerda que eres tú el problema. Es una de las voces más agresivas y ataca directamente a tu valor.

La voz controladora

«No puedes permitirte cometer errores otra vez».

«¿Has empezado a organizar el viaje?».

«Si no te encargas tú, va a salir mal».

«Aún no sabemos nada sobre el proyecto, ¿y si no tenemos suficiente tiempo? ¿Y si sale mal? ¿Y si hay algo que está fuera de nuestro control?».

«Asegúrate de que has mandado eso bien».

Esta voz no te deja tranquila y quiere que estés segura de que todos los cabos están atados. Es una voz que vive preocupada. Esa parte de ti odia la incertidumbre. El problema es que la vida está llena de incertidumbre y tratar de controlar cada aspecto es agotador. Esta voz cree que controlándolo todo puede evitarla. Es una voz que te recuerda todo el rato que algo podría salir mal si no te encargas.

La voz del abandono

«Al final te van a abandonar».

«Nadie quiere como tú quieres, tienes que aceptarlo».

«Das demasiado para lo que recibes de vuelta».

«Ese gesto que ha hecho ha sido extraño, no lo había hecho antes. ¿Te seguirá queriendo?».

«Al final se va a dar cuenta de tus mierdas y te va a dejar».

«Debería haberte escrito ya, está tardando mucho».

Esta voz vive aterrada con que la rechacen o la abandonen. Es tu cerebro predictor profetizando constantemente el abandono y los peligros que acechan. Es una voz hipervigilante. Funciona como una alarma de incendios relacionales que está siempre activada, recordándote todos los posibles peligros. Es una voz que crea imágenes de los peores escenarios que podrían ocurrir.

La voz crítica externa (outer critic)

«La gente es imbécil».

«Es increíble, a nadie le importa nada».

«Todo el mundo es malo».

«Nadie se preocupa por los demás».

«No puedes confiar en nadie».

«La mayoría de las personas son inútiles, incapaces de hacer algo bien».

«¿Para qué vas a decir nada? La gente solo se preocupa por sí misma, no hay empatía».

Esta voz ataca a todos los que están afuera. Es una voz llena de cabreo, que ve el mundo en términos de buenos y malos. Es una voz luchadora que vive indignada con el mundo exterior y que rechaza a los demás porque no puede garantizar que sean seguros. Es una voz llena de incomprensión, de juicios, que no empatiza ni quiere.

La voz víctima

«Todo está en tu contra, nada sale como debería».
«La vida siempre te pone a prueba, nunca tienes suerte».
«¡Lo que no te pase a ti!...».
«Nunca podrás superar esto, la situación es demasiado difícil».
«No le importas a nadie».
«Todo el mundo tiene más oportunidades que tú».
«La vida te ha marcado, siempre llevarás estas piedras encima y no lo vas a poder cambiar».

Esta voz está llena de indefensión. Cuando toma el mando, te deja sin energía. Cuando te habla, sientes que no hay nada que puedas hacer. Te hace creer que no tienes control sobre tu vida ni la capacidad de influir en tu entorno. Esta voz prefiere culpar a los demás a que tú te responsabilices de tu parte. Te convence de que no importa lo que hagas, no puedes cambiar o influir en una situación.

La voz complacedora

«Mejor cállate y no montes lío, no es tan importante lo que piensas».

«¿Se habrán cabreado?».

«No me importa ceder, en realidad tampoco me apetecía tanto».

«Venga hazlo por él, pobrecito».

«Sabes que no les caes bien. La próxima vez esfuérzate un poco más».

«Van a pensar que eres difícil, mejor no lo digas».

La voz complacedora quiere asegurarse de que no experimentas ningún conflicto o rechazo. Es una voz que te anima a sacrificarte y a desatenderte. Pone toda la atención en los demás y te convence de que es mucho mejor mantener la armonía y no ponerte en riesgo. Te hace creer que esa es la manera en la que te valoran los demás y te convence de que sacrificarte no cuesta tanto. Esta voz, en el fondo, vive resentida, ya que percibe que siempre da más que el resto.

Estas voces son perspectivas, partes de ti, que generan más daño que ayuda. Cada ataque que recibes te provoca una autoimagen o una manera de ver el mundo. El problema es que hay una parte de ti que cree que lo que dicen estas voces es verdad. **Esto te genera autorrechazo en lugar de autodefensa** (menos en el caso del crítico externo). Entonces, no solo recibes el ataque de la voz interna, sino que también te traicionas, aún más, cuando hay una parte de ti que lo cree y se rechaza a sí misma. Las voces críticas que acabas de ver son solo ejemplos. Puede que algunas te resulten más familiares que otras. A pesar de que estamos utilizando estas categorías de voces internas, podríamos citar otros muchos ejemplos de voces y categorizarlas de diferentes maneras. Tu voz de la culpa no será igual que la de otra persona, las frases que te dices son totalmente personales y tienen que ver con tu historia de vida y tus experiencias. Siéntete libre de llamar a tus críticos internos de la forma que quieras, no tienes por qué usar estos nombres. También los puedes representar como un solo crítico con diferentes voces. Esto no es tan importante. Lo importante es que identifiques cómo te hablas.

Ejercicio 1: Identifica tu voz crítica
Identifica qué porcentaje de tu conversación interna se compone de quejas, reproches dirigidos a ti misma o a otras personas, justificaciones de tu comportamiento o menosprecio a otros. Recuerda conectarte con tus voces críticas desde un lugar regulado (el césped del templo).

Identifica tus voces críticas respondiendo a las siguientes preguntas:

- ¿Qué te dice tu voz crítica?
- Imagínatela. ¿Qué aspecto tiene?
- ¿Cuándo empezó a hablarte así? ¿En qué circunstancia apareció?
- ¿En qué momento te ataca?
- ¿Qué te dice, concretamente?

No todas las personas tienen el juez interno representado como una voz. Algunas personas ven imágenes, *flashbacks* o escenas.

EL SECRETO MEJOR GUARDADO DE ESTE CASERÍO

¿Cómo te sientes cuando estas partes te hablan? Es común y natural que estas voces te hagan sentir ansiosa, insegura, envidiosa, culpable, pequeña o frustrada. Es decir, es normal que te desregulen y te alteren. Pero si te hacen sentir así, ¿para qué están? ¿Por qué una parte de ti te hace daño de manera gratuita? No, **este dolor no es gratuito**. Ninguna de tus partes, o las voces que habitan este caserío, están aquí por casualidad.

Uno de los secretos más increíbles que guardan los muros de este lugar es que, verdaderamente, **tus críticos internos están intentando ayudarte.** Se trata de una realidad dolorosa y clave en esta travesía interna. Lo cierto es que todas esas voces han aparecido con una función reguladora del estrés. Es importante que entiendas qué función tienen para ti. Te ayudaré con algunos ejemplos:

- La comparación quiere que triunfes y evitar el juicio externo.
- La culpa no quiere que vuelvas a sentir rechazo e intenta que no quedes mal.
- La culpa también es una manera de no aceptar la situación, y es muy típica de los duelos. Tu mente prefiere rumiar lo que podría haber pasado a aceptar lo que pasó.
- La *destroyer* a menudo aparece para mantener los vínculos de pequeña, es más fácil pensar que es tu culpa que digerir la dura realidad de que los que más quieres no saben cuidarte.
- La controladora quiere evitar el caos y la incertidumbre.
- La voz del abandono quiere evitar para siempre que te expongas a ese dolor, aunque evitarlo signifique estar sola.
- La voz crítica externa te ayuda a sacar tu rabia y tus dolores hacia los demás.

- El victimismo te arropa y te aleja de tener que pasar por el difícil proceso de ser responsable y aceptar ciertas cosas.
- La complacedora quiere evitar el rechazo y el conflicto.

La gran noticia es que, como en realidad el crítico interno tiene buenas intenciones, ya no necesitas luchar contra él, ni odiarlo. No tienes que ganar ninguna batalla ni eliminarlo de tu cabeza. En vez de eso, puedes descubrir qué está haciendo por ti y establecer una conexión diferente con él. De hecho, el trabajo con las voces críticas es un trabajo de **ruptura-reparación con una misma.** Si logras empatizar con tus críticos internos y entender que actúan con una buena intención, podrás formar una relación de cooperación con ellos, convirtiéndolos así en un recurso fundamental. Esta conexión transformadora sentará las bases para una sanación más profunda, y el final de las batallas internas: **tú contra ti misma.**

LO QUE NACIÓ PARA PROTEGERTE, AHORA TE HACE DAÑO

Probablemente, uno de los primeros dolores que sufriste de niña fue sentirte incomprendida, o ignorada por tus figuras de apego. Una niña podría sentirse invalidada por comentarios que irían desde un inocente «No llores, ¡que no es para tanto, hija!», pasando por un «¡Cállate!» o un «¿Estás tonta?», hasta la violencia física («una buena torta a tiempo») o la negligencia. Para una niña pequeña tales situaciones son difíciles de gestionar, ya que amenazan su sensación de seguridad en el mundo. Recuerda que, cuando sientes estrés, tu cuerpo envía señales a tu cerebro. Este crea una historia y da sentido a esas señales. Parte de la función de la voz interna es dar sentido a las experiencias que vives.

Por ejemplo, ya hemos visto en el río de las niñas que la madre de Lucía ignoraba sus necesidades, así que Lucía llegó a la conclusión de que sus necesidades no son importantes para los demás, y eso la llevó a no verbalizar lo que necesitaba, a sentirse culpable si lo hacía o, directamente, a ignorarlo. De mayor, esa parte de ella le dirá: «No pidas ayuda, para qué»; «Si te muestras vulnerable, te pueden atacar»; «De tus necesidades debes encargarte tú sola». El objetivo de las voces internas fue protegerla del dolor de que su madre no viera ni cubriera sus necesidades y dar sentido de lo que le pasaba. Esto es una función importantísima. Para protegerte del dolor la voz interna hace dos cosas: primero, evitar que actúes de forma que pueda causar rechazo (no expresar necesidades), y segundo, animarte a actuar de manera que te asegures cierta aceptación, amor y cuidado (complaciendo). De niña, mantener el vínculo era vital, pero lo hacías a costa

de gestionar tus emociones. **El problema es que ya no eres una niña y las mismas voces siguen ahí.**

Es irónico que estas voces que nacieron para ayudar a regularte y salir del dolor se hayan convertido en tus mayores desreguladores. Muchas de las conclusiones que sacaste en el pasado ya no son ciertas. Y es que son conclusiones que sacó una niña o una adolescente inmadura. Pero una parte de ti las sigue creyendo. Si tus necesidades no eran importantes de niña, de adulta crees que no lo son tampoco y no las expresas. Si te exigían y te decían que eras tonta, hoy te lo dices tú.

¿Te das cuenta de que tus voces internas a menudo te tratan con la misma falta de sintonía que tus padres (u otras personas) lo hicieron hace mucho tiempo?

Ellos te machacaron, y ahora te machacas tú.

Ellos no se conectaron contigo como necesitabas, y ahora te desconectas tú.

Ejercicio 2: Impacto de tus voces
Conecta con tus voces críticas desde un lugar regulado (el césped del templo) e identifica cómo impactan sus ataques en tu cuerpo.

1. Identifica el juicio interno (usa las voces críticas para ayudarte).

2. Detente en cómo el juicio cambia tu estado emocional interno (tristeza, rumiación) y tus sensaciones en el cuerpo usando la interocepción (tensión en el cuello o en la boca, estómago encogido, menos o más hambre).

3. Observa si inconscientemente estás de acuerdo con parte de ese juicio (autorrechazo).

A veces no eres consciente de que estás haciéndote un juicio interno. Identificar cómo responde tu cuerpo ante el ataque puede ayudarte a que identifiques cuándo está activa la voz crítica.

DESVINCÚLATE DE LOS ATAQUES

Cuando tomas consciencia de tu voz crítica, lo común es que te enganches a ella y empieces a defenderte. Cuando dos personas están discutiendo e intentas convencerles de que se escuchen en vez de justificarse o reprocharse constantemente, no es fácil conseguirlo. Cuando los conflictos entran en modo ataque/defensa, es complicado sacar a la gente de ahí. Lo mismo sucede con tu charla interna: Enredarse de esta manera con las voces críticas generalmente no funciona. Hay dos maneras típicas de interactuar con nuestras voces críticas. La primera, contraatacar: luchas contra la voz y te cabreas con ella. Y la segunda, racionalizar: intentas debatir con tu voz crítica y convencerla racionalmente de que está equivocada. A menudo, esto no termina de calar y hay una parte de ti que sigue estando de acuerdo con la voz. Para empezar, esta suele ganar el argumento. Y además, este enfoque crea **conflicto interno**. No hay una transformación de la relación con tus partes internas (tú), sino que continúa habiendo un enfrentamiento interno y un autorrechazo hacia esas partes de ti.

Contraatacar y racionalizar, o incluso rendirte, mantiene el autorrechazo. Necesitamos una alternativa. Necesitamos negociar. Entenderla. Curiosearla. Hacer equipo. Como cuando una pareja lleva días peleándose. Necesitan escucharse. Escucharse de verdad. Ser capaz de escuchar a tu voz crítica desde la compasión es un elemento fundamental para poder transformar el patrón de los juicios internos en bucle. Necesitas comprender lo que está intentando hacer y **por qué siente que es tan importante**.

Ejercicio 3: Conectando con tu voz interna
Conecta de nuevo con tus voces desde un lugar regulado (el césped del templo). Pregunta desde una mente curiosa. No las estás cuestionando, sino que genuinamente quieres entenderlas. Quieres comprender las intenciones de esas voces y su función, sin invalidarlas.

1. ¿Qué intentas conseguir al juzgarme y presionarme?
2. ¿De qué me estás intentando proteger?
3. ¿De qué tienes miedo?
4. ¿Qué hizo que tengas tanto miedo de eso?
5. ¿Qué es lo peor que puede pasar si no me proteges de eso?

Ejemplo de conversación

La voz te dice: «Vaya, nunca me habías preguntado eso antes... Te agradezco que dediques un segundo a escucharme. Yo solo quiero protegerte. ¡No soporto que nadie tenga nada malo que decir de ti! Ya lo han hecho antes.

Hace tiempo te juré que no nos sentiríamos así nunca más. No quiero que nadie tenga un solo motivo para decirte algo, ni insultarte. Y si te tengo que insultar yo para que nunca más te insulten los demás, lo haré».

Tú respondes: «Entiendo que tienes miedo. Puedo ver tu parte vulnerable, voz. Y también sé que tienes buenas intenciones, pero la forma en la que me hablas me duele. No quiero que me hables más así. Tal vez unidas podemos aprender a gestionar ese dolor, en vez de evitarlo. Ya no soy una niña indefensa, puedo enfrentarme a todo eso de una nueva manera con tu ayuda. Vamos a hacer equipo, sé que podemos cuidarnos mucho mejor si lo hacemos juntas».

Puedes hacer este ejercicio por escrito o a través de una visualización. La relación con tus voces críticas toma una cualidad radicalmente diferente cuando esa parte de ti puede expresar su propia vulnerabilidad, su miedo e impotencia al intentar cuidar de tus partes más indefensas, y tú eres capaz de verla. Solo que la voz crítica, en realidad, eres tú. **Lo que estás cambiando con este ejercicio es la relación contigo misma.** Has pasado de estar enfrentada contigo a, por un segundo, escucharte. Lo que normalmente sucede con nuestras partes críticas es que las odiamos. Estamos hartas de ellas. No las aguantamos más. Es un runrún en la cabeza que no se calla nunca. Esto es un conflicto interno.

Para acabar con el conflicto es importante que dejes de luchar con tus voces, que hables con ellas con curiosidad. Es decir, es clave que dejes de luchar contigo misma, que te escuches con ganas y puedas negociar con esas partes de ti. Te animo a que hagas este ejercicio, acompañada de una buena experta que te pueda sostener y apoyar durante el proceso. El objetivo es que reformes las habitaciones del caserío, que encuentres otras maneras más amables y sostenibles de proteger y cuidar de ti. Incluso puedes construir nuevos muros. Yo confío en ti. Sé que puedes ser una buena albañila. Yo fui albañila una vez. Cuando viví en México me compré un terreno en medio de la selva y me construí una casita. Durante siete meses mezclé cemento todos los días. Aprendí a cortar y doblar hierros para la estructura, aprendí a lijar, pulir, picar, pintar, barnizar y a trabajar con jefes de obra a los que no les hacía ninguna gracia que una mujer estuviera haciendo todo esto. Me costó sudor y sangre, pero lo hice. Y ¿sabes?, lo disfrute tanto como lo sufrí. A veces, construir algo nuevo que nunca hemos hecho parece imposible. Y cada día que intentas poner un ladrillo cuesta la vida. **Pero ladrillo a ladrillo te irás reconstruyendo.** Y un día, antes de que te des cuenta habrás creado un nuevo lugar desde el que habitarte. Es más, sin notarlo, a lo largo de esta expedición a tu mundo interior, ya has empezado a construir. Felicidades, genia.

Dejar de luchar contigo misma

Cuando el crítico interno te aplasta, inconscientemente estás reviviendo un patrón. El patrón del autorrechazo. Es decir, el juicio te provoca una sensación de que hay algo mal en ti. Además, se repite el patrón de la evitación, la voz interna no quiere que sientas rechazo, ni juicios, ni críticas externas. Eso va creando un hábito de autocensura emocional. Los críticos internos te impiden que estés conectada con el presente y que sientas emociones negativas, **por lo que no las gestionas, que es lo que realmente necesitas aprender.** Así, te pones en contra de tu propia experiencia. Tu voz no quiere que escuches a tu tristeza, por lo que no puedes saber lo que necesita. No quiere que escuches a tu rabia, por lo que no puedes protegerte. Inhibir, ignorar o minimizar emociones representa el autoabandono. Vivimos frustradas porque nos reprimen desde fuera, pero **la represión más importante es la que te haces a ti misma desde dentro.** No es tu culpa que la censura empezase en el exterior, pero eres la única que puedes cambiar la de tu interior. De niña no tenías otras opciones, pero de adulta sí las tienes. Cuando empiezas a explorar tu experiencia sin intentar controlarla, la transformación se pone en marcha. Cuanto más cultives la curiosidad interna, es decir, la capacidad para explorar tus propias emociones y pensamientos simplemente por entenderlos, **sin intentar cambiarlos ni reprimirlos,** mejor podrás navegarlos. Cuando de adulta sigues rechazando tu experiencia interna a través del juicio, creyendo que aún debes controlar tu mundo interno, las heridas se siguen acumulando. Como si fueras una máquina mal construida, crees que tu naturaleza es defectuosa, que hay algo mal en ti que no funciona y que tienes que arreglar. Te voy a decir lo que no funciona: que te censures. Que censures tu rabia, tu envidia o tu aburrimiento. No hay nada malo en ti. Conectar y aceptar, sin resistencia, la complejidad y el arcoíris de estados internos que te componen es una de las claves de tu transformación. Aceptar significa volver al flujo espontáneo de tu propio cuerpo sin rechazarlo. Solo tienes que preguntarte: ¿puedo estar con esta experiencia sin necesitar que sea distinta?

Cada uno de tus críticos quiere que no sientas algo. Su objetivo es controlar rápidamente el cuerpo y volver al equilibrio, para que dejes de sentir emociones difíciles. Su función es regulatoria.

Por ejemplo, ya hemos visto que la voz de la comparación no quiere que sientas de nuevo el rechazo. ¿Eres capaz de sentarte con el rechazo y gestionarlo sin intentar salir de él? La voz complacedora tampoco quiere que vuelvas a sentir ese nudo en el estómago de cuando hay un conflicto. ¿Eres capaz de sentarte con la confrontación y gestionarla sin evitarla?

Ejercicio 4: Transformación

Identifica las emociones que tu voz crítica no quiere que sientas y comienza a explorar alternativas.

- ¿Qué emoción no quiere que sientas tu voz crítica?
- ¿Cuál es el primer paso para navegar y aceptar esa emoción?

Esto es lo que significa realmente quedarte con tus emociones. Más cuerpo y menos voces. No implica quedarte en la mierda apiadándote de tu desgracia y tu dolor, sino que aceptes ciertos dolores de la vida que son inevitables y de los que llevas mucho tiempo huyendo. La incertidumbre, el rechazo, el dolor, son parte de la vida. Aunque, ¡felicidades, lo has intentado hermana! Ahí están aún tus críticas internas, asegurándose de que no sientas esto nunca más. Pero yo confío en que tú puedes sentarte con tu cuerpo sin salir corriendo. Nuestra siguiente parada es en un lugar potentísimo, donde vas a aprender a quedarte con todas tus emociones.

9

LA CUEVA DE LA CONEXIÓN

Nos dirigimos a una cueva, para que en el silencio de sus piedras puedas escucharte bien. Se trata de la cueva de la conexión. Aquí dentro conectarás contigo misma. Y afinarás el oído hacia tu mundo interno. Tu cuerpo sabe exactamente lo que te hace falta en cada momento e ignorarlo **ya no es sostenible**.

Para no perdernos en la cueva, miremos bien el mapa. La primera parte de la cueva es la garganta de la desconexión, donde vas a aprender las consecuencias de estar desconectada; después vamos a introducirnos en la profundidad de esta gruta para descubrir las diferentes estrategias de desconexión emocional; y en la última sala vas a aprender un montón de herramientas para aprender a conectarte contigo.

La cueva de la conexión

Bóveda de la conexión

Garganta de la desconexión

Estrategias para desconectar

La desconexión es barata

Tu sistema nervioso recoge información interna y externa constantemente, evalúa, ajusta y responde. Tu cuerpo vive en un continuo estado de toma de decisiones (conscientes e inconscientes) y de autorregulación. Cuando las señales llegan, tu sistema las interpreta para poder buscar la respuesta adecuada (ciclo del estrés). Cuando algo es muy doloroso y no puede escapar de él, a menudo se activa una actitud de huida o bloqueo (respuesta al estrés). A tu sistema nervioso, a nivel biológico, le da igual si una respuesta es mala o buena, lo importante para él es el costo que esta supone. Suprimir o evitar, a corto plazo, es lo más fácil, inmediato y barato. Para el sistema la respuesta es funcional. Pero, a largo plazo, esta evitación te puede llevar a acumular tensión emocional y estrés, y desregular de manera crónica tu sistema nervioso. Ya no estás en el 70000 a. C., hermana, ni estás huyendo de una serpiente. Ahora, estás huyendo de ti misma, de tu propio cuerpo y de tus relaciones. Huir, en este caso, ya no funciona. Reconectarte con la incomodidad es fundamental para entender qué necesitas en cada momento y poder dártelo.

Me acuerdo de una paciente, Marta, una mujer a la que acompañé en uno de estos viajes siderales. Ella tenía una compañera en el trabajo que le hablaba mal. A ella le dolía, pero lo ignoraba. Me decía: «Hago como si no hubiera escuchado nada. Además, no me cae bien, no me importa lo que me diga». Pero esa rabia suprimida se le quedaba dentro. El estrés (activación) no se liberaba y se acumuló por un tiempo, y llegó un punto en que explotó. Una mañana, de la rabia, le tiró una planta de la mesa. ¿Qué otras opciones tenía Marta? Juntas en la terapia grupal trabajamos en sus capacidades comunicativas y emocionales. Eventualmente, tuvo una difícil pero liberadora conversación con su compañera, en la cual le expreso sus límites. Una conversación en torno a límites implica más esfuerzo y energía que mirar hacia otro lado o quitar importancia. Es un proceso más difícil y supone la puesta en marcha de muchas más habilidades, como la empatía, la autorregulación o la corregulación. Evitar es más fácil. Pero hay ciertas cosas que nos cuestan más mental y emocionalmente (y por lo tanto metabólicamente) que, a la larga, merecen la pena. Son una inversión. Por eso lo importante no es solo mirar lo funcional (evitar es funcional a corto plazo), sino lo **sostenible**. En la complejidad de nuestras redes sociales, las respuestas rápidas y rústicas como la lucha o la huida ya no son sosteniblemente funcionales. Con una realidad social más compleja, necesitas desarrollar respuestas más complejas.

LA DESCONEXIÓN ES CULTURAL

De pequeñas, normalizamos las frases invalidadoras que nos decían en todos lados. Expresiones como «¡Valiente, que no pasa nada!»; «¡Pero si no da miedo!», o «Si te pica, te rascas» forman parte de la cultura en general. Huir de las emociones no es solo intuitivo y fácil, también es cultural. Con el tiempo, la desconexión emocional se integra, se interioriza y se hace un hábito. ¡Y ahí estamos todos! Evitando y huyendo de nosotros mismos he intentado crear relaciones funcionales desde ahí, cuando ni siquiera sabemos qué narices estamos sintiendo ni por qué.

Cuando ignoras las señales de tu cuerpo, te lo pones difícil. Piensa en cuando conduces por una zona montañosa con curvas. Tu cerebro está recibiendo información de la carretera, el coche, las condiciones meteorológicas e incluso una posible cabra que se te cruce en el camino. Para llegar bien a tu destino, necesitas este *feedback*, tanto interno (gasolina, aceite, ruedas, frenos) como externo (otros coches, animales, lluvia). Imagínate conducir sin prestar atención a todo esto. Es como si «no hubiese nadie al volante»; probablemente, chocarás en algún momento. Necesitas este *feedback* interno y externo para funcionar. Necesitas estar presente. Uno de los problemas de evitar parte de tu mundo emocional es que te impide estar presente con lo que realmente está pasando tanto dentro como fuera. Es como ir en automático. Con el automático puesto, cuando la vida está estable, puedes tirar para adelante más o menos. Pero en cuanto la vida te plantee un par de curvas, aparecen

los problemas. Imagínate que te quedas sin aceite. Tú continúas, lo ignoras. Pararte es una incomodidad. Fuera hace frío. Continúas conduciendo. Un día el coche se para y te dice: «Ya no puedo más, arréglame». El cuerpo también. El cuerpo te dice lo que necesitas en todo momento. Cuando lo ignoras, peta. Y peta con ansiedad, depresión y gripes. Parar de negar, evitar e ignorar tus emociones **es el primer paso hacia el autocuidado**. Conectarte con la capacidad de poner atención a esas señales de tu cuerpo sin huir de ellas. Esto es amor propio, hermana.

La desconexión te hace sentir sola

Una de las grandes consecuencias de la desconexión es la que tienes con los demás. Cuando te desconectas de ti misma, le impides al resto que puedan entender esas partes de ti y que comprendan tu complejidad. Esto se ha estudiado incluso en el laboratorio, donde se ha visto que la inhibición lleva a las otras personas a sentirse menos conectadas emocionalmente y hasta a tener una respuesta cardiovascular más intensa en presencia de personas que están escondiendo emociones. Esta desconexión puede llevarte a tener una sensación de soledad y a pensar que los demás no te entienden. ¿Recuerdas la corregulación de los bebés con sus mamás? Toda la vida fluimos entre la autorregulación y la corregulación. Cuando te desconectas de tus emociones, corregularse se hace más difícil. Esto provoca que te sientas desconectada de los demás, lo cual reafirma tus miedos y se potencia el bucle.

MANERAS DE DESCONECTARTE

Desconectarte de parte de tu experiencia interna tiene una gran función. La Función. La que llevas toda una vida desempeñando. Tu misión. Regularte. **Si suprimes, regulas.** ¿El problema? Como adulta, moviéndote en un complejo mundo social con multitud de relaciones de amistad, laborales, familiares, esta estrategia ya no te ayuda.

Para que te resulte más sencillo identificar si estás desconectada, aquí tienes varias situaciones en las que te desvinculas de tu experiencia interna:

- **Negación («Me da igual», «Estoy bien», «Eso no lo siento/pienso»):** cuando rechazas tu realidad interna negándola. Es una forma de escapismo.
- **Represión («No recuerdo qué sucedió»):** cuando bloqueas pensamientos, recuerdos o emociones dolorosas de la conciencia. Puede que no recuerdes un evento traumático porque tu mente lo ha reprimido.
- **Disociación («Me desconecto de mí, no recuerdo bien»):** desconectarte de tu propia experiencia, como

si lo estuvieras presenciando todo desde fuera de tu cuerpo. Es una forma de escapar del dolor emocional, al separarte de la realidad del momento.

- **Minimización («No es para tanto», «En realidad estoy bien»)**: cuando le restas importancia o gravedad a tu experiencia interna. El humor es una estrategia típica de minimización.

- **Racionalizar («Bueno, esto es normal, a todos les pasa, la vida es así»)**: la racionalización implica encontrar explicaciones lógicas o justificaciones racionales.

- **Las voces críticas («Mejor cállate», «Eres una ridícula», «¡Qué asco de cuerpo!»)**: las voces críticas son parte de ti, te hablan de una manera rígida e intentan, muy bruscamente, que no sientas emociones difíciles que en algún momento sentiste y tu inconsciente no quiere sentir nunca más.

- **Supresión («No voy a pensar en eso, no quiero sentir eso»)**: la supresión es un mecanismo consciente que implica evitar pensamientos, recuerdos o emociones dolorosas.

- **Invalidez («No debería sentirme así»)**: cuando invalidas tus emociones de un modo exigente, usando referencias externas o expectativas.

- **Distracción («No voy a pensar en eso», «Muévete, quedarte aquí no vale para nada»)**: desvías la atención de las emociones o experiencias desafiantes hacia algo más placentero o menos incómodo. Es una de las reacciones más populares, algunos ejemplos son: distraerse con alcohol, trabajo, viajes o compras.

Todas estas son estrategias de regulación a través de la inhibición de emociones. Y todas pretenden ayudarte a calmarte y a gestionar tu sistema nervioso. La represión de las emociones puede ser adaptativa a corto plazo, ya que nos permite funcionar de manera efectiva durante eventos extremos. Son atajos regulatorios rápidos, pero, a la larga, tienen un costo muy alto. A menudo son las alternativas que utilizamos cuando no podemos o no sabemos regularnos de manera funcional en nuestras relaciones. Esta desconexión puede estar pasando en tiempo real o ha podido suceder en el pasado. Parte del trabajo con tu niña interior es que la ayudes a conectarse con lo que en ese momento no pudo gestionar y que simplemente le des espacio, sin suprimirlo, **para que lo puedas redigerir**. El otro objetivo, y el más importante, es que seas capaz de conectarte para poder regularte y encargarte de ti y de tu cuerpo hoy.

Uno de los métodos más populares de desconexión es poner la atención en otra cosa que instantáneamente te haga sentir bien. Dependemos de sustancias como la cafeína, el azúcar, la nicotina, el alcohol y las drogas, tanto legales como ilegales, para aumentar o disminuir nuestra activación. Es decir, para regularnos. Usamos la televisión o las redes para adormecernos o distraernos. También la comida, el gimnasio, los viajes, las compras para sentirnos mejor. Estas acciones no son destructivas por sí mismas (a no ser que hablemos de sustancias o alimentos nocivos y recurrentes); al revés: pueden ser fuente de mucha alegría y satisfacción. Hacerte un regalito porque te lo mereces, irte de fiesta con tus amigas, empezar un proyecto, comer e incluso echarte un cigarro cada Año Nuevo. Lo disfuncional es cuando usamos estas acciones como estrategia para evitar algún lugar incómodo y, también, cuando se cronifican. Igualmente hay algunas excepciones en que esta desconexión puede ser funcional. Hace unos años se murió mi tía a la que adoraba. Yo vivía en San Francisco y no llegué al entierro. Recuerdo que tenía tres o cuatro canciones que me ponía en *loop* mientras iba en el tranvía y le lloraba en silencio por la ventana. A veces, perdía la parada adrede y me quedaba horas velándola en el tranvía. Cuando me cansaba, me aseguraba de que llamaba a una buena amiga para desconectar un poco del duelo cuando lo necesitaba. Esto sería un ejemplo de cómo desconectar de manera funcional. En cambio, no sería funcional si por no sentir el duelo, me hubiera distraído con cualquier cosa y hubiera evitado conectar con el dolor.

Hemos aprendido a desconfiar del movimiento espontáneo de nuestras propias respuestas ante la vida. Y aunque inconscientemente nos cueste creerlo, a la larga,

TUS EMOCIONES

nos desregulamos más al bloquear que al expresar. Ha llegado la hora de confiar en tu cuerpo, de transformarte de vuelta a lo que siempre fuiste. Esto, además, va a ayudar a que tus voces críticas tengan menos espacio. Como cada vez serás más capaz de conectar con las incomodidades de la vida, ya no vas a necesitar que te protejan. Vamos a conectar con todo ese abanico de estados emocionales y capacidades maravillosas que sé que tienes.

En tu niñez aprendiste a dejar de ser auténtica, a tener que hacer algo o ser de determinada manera para poder sentirte segura y aceptada. Ahora toca enseñarle a tu sistema nervioso lo contrario. Es hora de, simplemente, ser. El objetivo es que puedas vivir en tu propio cuerpo. Que puedas sentirte segura en él. Tu cuerpo no es tu enemigo; **es todo lo que tienes**. Es hora de estar en un cuerpo en el que puedes confiar. Y esto no es sinónimo de estar en un cuerpo en el que te sientes todo el rato bien, sino todo lo contrario. Significa estar **cómoda en la incomodidad**. Poder sentir todo el abanico de emociones sin apagarte, correr o luchar. Tan solo quedarte con ellas y hacer la toma de decisiones desde ahí.

Te recomiendo que, mientras hacemos este viaje a tu planeta, primero prestes atención a tu cuerpo y tu activación. Observa cómo te afecta explorar cada uno de los sitios a los que estamos yendo. Tal vez te sientes relajada o tal vez, tensa. Quizá estés sintiendo ciertas cosas y el estómago se te encoja. Este es un muy buen ejercicio que te animo a incorporar en tu día a día. Tomar consciencia de cómo tu sistema nervioso responde ante la vida. Es lo que se llama cultivar **la consciencia interoceptiva**. Implica que desarrolles tu capacidad de prestar atención a las sensaciones físicas. Desarrollar tu conciencia interoceptiva, especialmente la habilidad de mantener la atención en estímulos desagradables, te ayuda a entender mejor lo que necesitas en cada situación, y a dártelo.

Cuando empieces a recorrer este camino puede que ocurran varias cosas. Es común que cuanto más te familiarices con la incomodidad, más incomodidad sientas. Puede ser que, de repente, quiera salir todo lo que no ha salido y que sientas ansiedad y eso te agobie. Sea cual sea tu estado interno, es clave que lo puedas aceptar. **La aceptación con curiosidad es validante,** la aceptación de tus estados internos, desde el amor y la alegría, el miedo y la ansiedad. Ninguno de estos estados es correcto o incorrecto, ni es bueno o malo. La aceptación no es una evaluación. Esto significa que puedes permitir que tu experiencia sea exactamente como es. Por otro lado, también

ESCUCHA hacia DENTRO

¿Estoy desregulada?

es posible que suceda lo contrario, que intentes conectarte contigo misma y te encuentres con silencio. Esto puede ser duro y muy frustrante. Si es tu caso, observa la frustración. Déjala ser. La aceptación implica apartarte y no posicionarte ante tu propia realidad interna. No apruebas, ni rechazas. Si te gusta, la aceptas; si no te gusta, también. Normalmente cuando me voy de viaje con vosotras me pedís todo lo contrario, me decís: «Odio esta sensación, no quiero sentirme así. ¡Quítamela!». Con tu propio apoyo, tienes la capacidad como adulta de estar con tus propias verdades de una manera en la que no podías cuando eras niña.

Cuando algo sucede en tu entorno tu cuerpo reacciona químicamente y hace sentido de esa situación. Estos procesos crean tu experiencia de emoción. A nivel químico este proceso dura 90 segundos. La única manera que tienes de hacer que esa experiencia emocional dure más es **pensarla**. Pero sin pensamientos que la alimenten, la experiencia corporal dura 90 segundos. Esto es lo que ha descubierto la neuroanatomista Jill Bolte Taylor y lo que vamos a usar en nuestro primer ejercicio. Los pensamientos, entre ellos las voces críticas, reestimulan el circuito que provoca esa reacción fisiológica que se alarga en el tiempo. La investigación de la Dra. Taylor sugiere que la atención plena, la práctica de dirigir la atención al momento presente sin juzgar, **te va a ayudar a que proceses las emociones más rápidamente**.

Ejercicio 1: La regla de los 90 segundos

El objetivo es que te puedes quedar con la sensación corporal sin rumiarla o pensarla para facilitar que el cuerpo vuelva a la calma. Este es un ejercicio muy bueno para poder regularte cuando entras en bucles mentales.

1. Observa las respuestas físicas ante la experiencia emocional, como aceleración cardiaca o presión en el pecho.
2. Nombra la emoción con tus palabras, como «Me siento cabreada o triste».
3. Observa la experiencia emocional sin pensar y sin intentar cambiarla. Puedes centrarte en tu respiración para hacer esto. Mantente aquí 90 segundos.

En el paso 2, si no tienes una palabra exacta no importa. Las emociones no son pokémons que tienes que cazar. Recuerda que tú construyes la emoción dándole sentido. En esa parte del ejercicio puedes poner frases enteras como «siento una mezcla de agobio y anticipación con algo de preocupación». En el paso 3, si aparecen pensamientos, obsérvalos con aceptación y déjalos ir, como harías en una meditación.

La conexión es la llave de la autorregulación

Una vez que te conectes contigo empezarás a tomar consciencia de cuándo estás regulada o no. Esto es vertebral. En esta cueva de la conexión, donde escuchas a todo tu ser, puedes empezar a desarrollar tu capacidad de monitorizar tu nivel de regulación y aprender a regularte conscientemente. ¿Qué es estar regulada o desregulada? Recuerda los diferentes estados de tu sistema nervioso que vimos en la tierra de las bebés.

La relajación es el estado de calma y baja activación del cuerpo, y suele estar relacionada con momentos de regulación, seguridad y recarga. Conforme subimos la línea, el cuerpo se iría activando; en este estado el cuerpo empieza a movilizar energía para moverse o realizar cualquier actividad que necesite de recursos. Es una fase que puede estar acompañada de una sensación de seguridad, o no. Además, tiene un costo metabólico, por lo tanto es un lugar en el que usamos energía que luego hay que recargar. Y por último tenemos la hiperactivación, que suele darse en situaciones más extremas, cuando el cuerpo necesita mucha energía para enfrentar una situación. Es un lugar caro metabólicamente hablando y que puede dejar la economía corporal en débito. La mayoría de las veces viene con una sensación negativa o de inseguridad, aunque también se da en estados positivos.

Recuerda que estos tres estados son simbólicos y la activación/relajación del sistema nervioso es un proceso continuo. Transitar de un estado a otro internamente te ayuda a entender que, primero, **la transición es posible,** y segundo, que todo es un continuo y que hay señales que puedes identificar cuando estás empezando a activarte. Es posible aprender a identificar cuando estás alterándote con estas primeras señales, en vez de darte cuenta de cuando explotas y estás completamente desregulada.

Tanto las experiencias dolorosas más severas (accidentes, abusos) como las menos severas pero crónicas (padres no entonados emocionalmente) te mantienen alerta, crónicamente activada o en estado de alto costo metabólico. Cuando no tenemos consciencia de esto, nos habituamos a la activación y vivimos en constante desregulación. Un sistema crónicamente desregulado se desgasta antes. Es un sistema que usa energía, pero no la recarga. Un sistema que está en deuda energética consigo mismo, y esto se traduce en ansiedad, depresión y un sistema inmunitario debilitado. ¿Sabes cuántas personas con las que convives, como familiares, compañeros de trabajo o amigas, viven con un sistema desregulado? Muchas. El 40 por ciento de la población ha sufrido depresión a lo largo de su vida y el 88 por ciento de mujeres, ansiedad. Todo esto son síntomas de un sistema nervioso en débito.

Aquí tienes unos ejercicios para que empieces a desarrollar la capacidad para regularte y volver a la calma y que continúes viendo el mundo desde los ojos del sistema nervioso. Te animo de nuevo a que hagas los ejercicios estando regulada (desde el césped). Desde este lugar, serás más capaz de conectar con otros estados más difíciles.

Ejercicio 2: Identifica tu capacidad de regulación

¿Qué te ayuda a moverte de un estado a otro? En el mapa de la página siguiente tienes representados los tres estados. Identifica qué te ayuda a salir y entrar en cada estado. Ten en cuenta que el objetivo no es salir a toda costa (ya hemos visto que evitar no es sostenible). Puedes estar desregulada y llorando, y que esto sea funcional y necesario para ti. Es importante que identifiques en qué estado te encuentras, cuánto tiempo necesitas estar ahí y cómo salir si no te está siendo funcional. Rellena el mapa. Vamos a regular ese sistema, hermana.

Es diferente cuando te activas estando segura y cuando te activas estando insegura. Por ejemplo, en el gimnasio o durante una cita, puede que te actives de manera segura. Sin embargo, una cena llena de personas nuevas puede que te active pero además te haga sentir insegura.

Haz el ejercicio pensando en situaciones que te hacen sentir insegura en las cuales te gustaría aprender a regularte o calmarte.

Si te cuesta identificar qué te influye para moverte de un estado a otro, piensa en todos los canales a través de los cuales recibes información: tacto, olor, sonidos, palabras, personas, lugares, pensamientos.

Recuerdo que cuando vivía en Vietnam me levantaba todos los días a las 6 de la mañana para ir a trabajar a la universidad, que estaba en las afueras de Hanoi. Odio madrugar fuertemente. Y además lo primero que hacía cada mañana era conducir mi moto en uno de los tráficos más caóticos y peligrosos que he visto en mi vida. Esto es lo opuesto a meditar cada mañana. Sistema en tensión todos los días *first thing in the morning* (nada más despertarme). Después de un año y pico allí me di cuenta de que en el momento en que me subía a la moto, me tensaba. La moto me desregulaba instantáneamente.

Cada experiencia o estímulo puede ayudarte potencialmente a conectar con un estado o sacarte de él hacia el siguiente. Todo te impacta y tiene un efecto en ti. Toma consciencia, como me pasaba a mi con la moto, de cómo tu alrededor te afecta y te ayuda a regularte o desregularte. Atiende a tu interior y conéctate. Realizar elecciones intencionales y conscientes sobre a qué prestas atención te da la oportunidad de desarrollar tu capacidad de tener agencia sobre tu sistema nervioso. Puedes encontrar un ejemplo en el ejercicio completado aquí.

Ejercicio 3: Lugares de recarga y de calma

Dedica un tiempo a identificar qué cosas **calman** tu sistema nervioso. A continuación, responde a las siguientes preguntas:

- ¿Cuánto tiempo a lo largo del día está tu sistema nervioso en calma?
- ¿Qué actividades diarias realizas para ayudar a tu sistema a entrar en calma?
- ¿Con qué relaciones tu sistema nervioso entra en calma? ¿Con qué frecuencia?
- ¿Qué tipo de voz interna te calma?

Te animo también a identificar si tu sistema nervioso se está recargando físicamente de manera efectiva. Estos son los momentos en los que aportas energía a tu sistema (dormir, comer, relajarte), necesaria para que este funcione. Parece obvio, pero sin agua, comida, oxígeno o descanso, te mueres. Cada vez que usas energía, necesitas recuperarla. Si no la recargas, el cuerpo, el sistema, entra en deuda y se altera mucho más fácilmente. Mala calidad del sueño o de la alimentación son síntomas de un sistema desregulado.

Ejercicio 4: Identificar desreguladores

Párate un momento a identificar qué cosas **desregulan o alteran** tu sistema nervioso. Luego, responde a las siguientes preguntas:

- ¿Cuánto tiempo al día se encuentra desregulado tu sistema nervioso?
- ¿Qué situaciones, personas o contextos te desregulan?
- ¿Con qué relaciones se altera/desregula tu sistema nervioso? ¿Con qué frecuencia?
- ¿Qué tipo de voz interna te altera/desregula?

Ejercicio 5: Conectar con heridas

Explorar las respuestas de tu sistema nervioso es otra de las formas que tienes para identificar tus heridas emocionales. Cuando tu cuerpo se encuentre en un estado muy desregulado, especialmente en una relación, pregúntate:

- ¿Me resulta familiar este estado o cambio en mi sistema nervioso? ¿Lo he vivido antes?

La activación en el momento presente a menudo te lleva de vuelta a alguna reacción automática que aprendiste en el pasado. Tómate un tiempo para mirar atrás y localizar esas situaciones en tu memoria. Una paciente, Marta, me contaba una situación que vivió hace poco en una tienda con su pareja. Estaban esperando a que les sacaran una cosa del almacén pero iban justos de tiempo para otra cita. El dependiente les consultó y su pareja dijo que volverían más tarde. Ella le preguntó: ¿Estás seguro? Esta pregunta desreguló a su pareja automáticamente y le respondió: «No cuestiones mis decisiones». Ahora los dos estaban alterados. Gracias al trabajo que hicimos en la terapia grupal, Marta, una vez calmada, dedicó tiempo a entender la reacción de su pareja. En esta conversación él acabó dándose cuenta de que una de sus heridas era que no se tomasen en serio sus decisiones. Este momento les unió mucho, ya que le ayudó a entender a Marta que necesitaba a su pareja en estas situaciones. Por eso es importante que entiendas cuando algo que te desregula viene del pasado, para poder hacerte responsable de ello y comunicárselo a tus personas cuando sea necesario.

¡Felicidades! Con estos ejercicios acabas de experimentar la toma de consciencia de tu sistema nervioso. Todos ellos están diseñados para que empieces a desarrollar tu capacidad de regulación. El poder volver a la calma es la esencia de la resiliencia. De hecho, una baja resiliencia se correlaciona con una menor consciencia de las señales internas. Recuerda que, cuando quieras hacer cambios internos, es necesario que no sean difíciles. Cuando las metas no están en sintonía con la realidad de tu sistema, puedes acabar sintiéndote peor. **Dale tiempo a tu cuerpo para integrar los cambios y hazlo con un buen apoyo.**

Puede que algunos días te resulte complicado regularte, y que otros seas capaz de volver a tu centro y a la calma rápidamente. Te animo a que observes tus patrones, seas tu mejor apoyo en los momentos de desregulación y saborees los momentos de disfrute y calma.

UN NUEVO PODER: LA REGULACIÓN

La capacidad de regulación del sistema nervioso es un ingrediente clave para tu salud mental. El objetivo es que navegues por los diferentes estados de activación de manera flexible y funcional. Esto significa que puedes empezar a tomar consciencia de tu propio sistema y alejarte de las respuestas automáticas de supervivencia. Así, podrás darte cuenta de cuándo tus defensas y tu voz crítica comienzan a activarse, y podrás poco a poco encargarte de ti misma desde un nuevo lugar. Cuando comiences este nuevo hábito y te encuentres ante una situación estresante, serás más capaz de dejarte sentir, movilizar recursos, elegir la opción más funcional en un momento dado. El objetivo terapéutico no es que hagas todos estos cambios de la noche a la mañana. Si algo te da ansiedad durante dos días, pero gracias a manejarlo mejor pasa a darte ansiedad un solo día, eso es un éxito. **Los pequeños pasos son grandes logros.**

Cuando des estos pasitos repetidas veces, tu cerebro predecirá que la activación del estrés ya no va a escalar fuera de tu control, porque ahora tienes más agencia sobre tu sistema. Esto va a desactivar gradualmente la alarma de incendios, la activación, y tu sistema nervioso podrá volver cada vez más rápido a la calma. El sistema nervioso autónomo aprende de la experiencia, las experiencias continuas remodelan el sistema.

Y así, te habrás salido del patrón inconsciente de evitar, bloquear o minimizar tus respuestas naturales internas. Habrás dejado de autorrechazarte. **Al hacer consciente lo inconsciente,** tomas el volante, hermana. Desde este nuevo lugar, podrás ser tu propia figura de apoyo. Estos pequeños avances van a ir devolviéndole la salud a tu sistema nervioso.

Un mundo nuevo se abre para ti cuando vives desde la regulación. Y conforme empieces a hacerlo, serás consciente de algo clave. La mayor fuente de desregulación son otras personas. Empezarás a sentir más conscientemente el impacto de otros sistemas nerviosos en el tuyo. Y te darás cuenta de que tu sistema nervioso está comunicándose constantemente con otros sistemas nerviosos en una red gigante.

10

EL JARDÍN Y LA RED

Esta parte de tu planeta es una de mis favoritas. Es un jardín gigante que se extiende más allá de lo que se ve a simple vista. Pero lo más impresionante es lo que no vemos. Todas las plantas, los árboles y los honguitos de tu planeta están conectados por una red subterránea. Esta red se llama micelio y permite que las plantas se comuniquen y dispersen nutrientes entre ellas. En el planeta Tierra, la longitud total de estas redes en los primeros diez centímetros del suelo es de más de cuatrocientos cincuenta cuatrillones de kilómetros. Hermana, eso es casi la mitad del ancho de la Vía Láctea.

¿Y sabes qué otra importante red del planeta funciona de una manera muy similar? La de las relaciones humanas. La de nuestros sistemas nerviosos. Eres parte de una red invisible de sistemas nerviosos que se susurran unos a otros en todo momento.

En este increíble jardín vamos a visitar diferentes sitios. Para empezar, vamos a dar un paseo mientras te cuento el papel de la corregulación, luego vas a conocer la mayor fuente de corregulación que existe en estos parajes y, por último, vas a aprender a reparar tus propias relaciones.

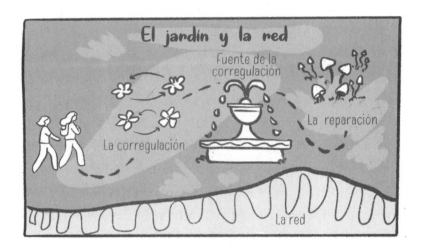

RELACIONES: LA CLAVE DE LA EVOLUCIÓN

Nuestra naturaleza nos lleva a interactuar y formar relaciones con los demás. Vivimos en grupos. Nuestra habilidad para cooperar ha sido siempre una ventaja evolutiva. En el 70000 a. C. éramos menos de un millón de *sapiens*. Algunos científicos incluso aseguran que un supervolcán casi nos aniquila y que la población llegó a bajar a unos cuantos miles (¡entre tres mil y diez mil!). Por poco no llegamos.

Hoy, somos 7.800 millones. Fue nuestra capacidad para formar sociedades y cooperar en grupos cada vez más grandes lo que nos ayudó a ocupar cada esquina del planeta.

RELACIONES QUE MOLDEAN TU CEREBRO

Otra de las ventajas evolutivas de nuestra especie es nacer con un sistema nervioso en construcción. Esto significa que, al nacer, eras totalmente vulnerable y dependiente. De pequeña, ni siquiera podías eructar sola. Esta dependencia se da por naturaleza, no por elección. Y aunque implica que seamos vulnerables durante los primeros años, es un gran beneficio. Nacer con un sistema nervioso por desarrollar aporta la flexibilidad y la capacidad de adaptación necesarias para sobrevivir en muchos entornos y contextos. Un cerebro humano típico tiene alrededor de cien mil millones de neuronas. Entre ellas, hay conexiones llamadas sinapsis. El número de estas conexiones es mucho más alto en el cerebro de los niños que en el de los adultos, y van cambiando constantemente en un proceso llamado poda sináptica. Algo parecido a las podas que hacemos en este jardín para ayudar a que las plantas inviertan sus recursos en las hojas sanas. Esta poda permite que tu cerebro sea más eficiente y adaptable. Alrededor de los dos años hay un momento clave en que el cerebro poda muchas conexiones sinápticas. Esto implica mucha energía, y el cerebro solo poda aquello que no se está reforzando. **El cerebro lo que no usa, lo pierde.** Las relaciones sociales tienen un gran impacto en este proceso porque es lo que más usamos. Poco a poco las relaciones con los padres, los hermanos, los compis de clase y la sociedad en general van moldeando nuestro cerebro. Y esta construcción del cerebro en función del contexto relacional nos ayuda a adaptarnos al ambiente y sobrevivir. Es decir, los demás contribuyen a tu estructura cerebral de una manera directa. **Los demás moldean tu cerebro.**

UN PESO METABÓLICO COMPARTIDO

El trabajo más importante de tu sistema nervioso es mantener el equilibrio en tu cuerpo, anticipando las necesidades de energía antes de que surjan, para que puedas realizar los movimientos necesarios para sobrevivir. Además, intenta hacer esto de la manera más económica posible. Cuando naces, esta función no la puedes llevar a cabo sola, sino que te corregulas en todo momento con mamá. A través de ella aprendes a autorregularte, a autogestionarte. Es decir, **tu madre te ayuda a manejar tu economía corporal.** A pesar de que la autorregulación se va interiorizando con el desarrollo, la corregulación sigue formando parte de todas tus relaciones. Durante el resto de tu vida las demás personas continúan ayudándote a manejar tu economía corporal. Nuestros sistemas nerviosos viven en una experiencia de conexión cocreada constante. Date un segundo para digerir esta realidad. Sin darte cuenta, estás comunicándote y cogestionándote todo el tiempo con otros sistemas nerviosos. Todos ellos están conectados, como en una red. Y con internet, esa red ahora es global. Solo con tocarte un hombro o decirte «Qué bonita eres» puedo cambiar el ritmo de tu respiración y tu metabolismo. Solo con postear un «Qué ridícula» en los comentarios de tu foto, puedo cambiar tu sistema nervioso entero.

Uno de los canales más poderosos para afectar a otros sistemas nerviosos son las palabras. Y es que las partes de tu cerebro que se encargan del lenguaje también regulan los aspectos internos de tu organismo. Tus órganos vitales también forman parte del circuito del lenguaje en tu sistema nervioso. Cuando sufres en un conflicto con una amiga o pareja, se activan algunos de los sistemas neuronales y neuroquímicos que están involucrados en la experiencia del dolor físico. Con lo que respecta a tu sistema nervioso, **el dolor social y el físico comparten circuitos.** Por eso no es de extrañar que usemos la expresión «las palabras duelen». El impacto de las relaciones en nuestra vida es algo incuestionable. De hecho, cuando le pides a la gente que te digan cuáles son los eventos más bonitos y duros de sus vidas, tres de cada cuatro mencionan momentos que tienen que ver con sus relaciones sociales.

¿Y qué función tiene esta dependencia tan profunda? ¿No sería mejor usarnos los unos a los otros para evolucionar y que nuestros sistemas nerviosos no dependieran tantísimo de los demás? Recuerda, hermana, que para el cuerpo todo es una cuestión de economía. El resto de personas te ayudan a regular tu sistema nervioso. Esto es metabólicamente más barato a que te encargues tú de todo. ¿Te acuerdas de cuando la gente se casaba porque económicamente era más fácil vivir? Con la regulación compartida ocurre lo mismo; es más rentable. Como bien plantea Lisa Feldman, ¿has perdido alguna vez a alguien y has sentido como si hubieras perdido una parte de ti? Esto es así porque realmente la perdiste. Perdiste una importante fuente de regulación para mantener tu sistema en equilibrio. **Perdiste parte de tu capital corporal.**

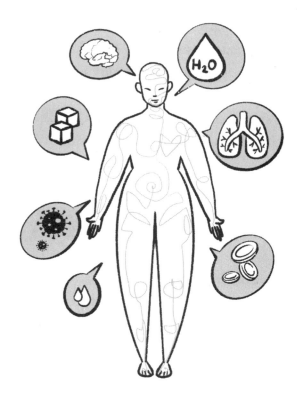

Nuestra evolución nos ha llevado a ser los cuidadores de los sistemas nerviosos de los demás. Los sistemas nerviosos de los humanos están interconectados en una red, al igual que las plantas y hongos de este jardín. Juntos, compartimos carga metabólica. Estamos sincronizados. Unidos, formamos bucles de corregulación que se retroalimentan. La corregulación es una necesidad biológica imperativa, no sobrevivimos sin ella. Necesitamos ser sostenidos por otras personas, y esta necesidad esencial continúa toda la vida. Como nos recuerda Bessel Van Der Kolk en su famoso libro, *El cuerpo lleva la cuenta*, «el cerebro es un órgano cultural». La realidad social no solo ha sido clave en nuestra evolución como especie, sino que moldea nuestra estructura cerebral y, además, regula el sistema a diario. Que se dice pronto. Y dada esta realidad, ¿qué está cada vez más de moda? La individualidad.

Oh, oh… tenemos un problema.

LOS CEREBROS QUE SE SIENTEN SOLOS

De bebé, las primeras experiencias emocionales que viviste fueron difíciles de manejar. Como tu sistema nervioso está diseñado para conectar y cogestionar, confiabas en los demás para ayudarte. Si tu entorno era incapaz de ayudar a gestionarte, te cerraste y protegiste de ese mundo que no sentías como un lugar seguro, te cerraste a los demás. Esto te ocurría de pequeña, pero puede suceder de una manera similar de adulta, con el vecino, con el compañero de trabajo, con los del pueblo de al lado, con los de otra comunidad autónoma, con los de otro país o continente. Cuando no nos corregulamos y no nos entendemos, nos cerramos a los demás y nos enfadamos con ellos, los odiamos. Tu salud mental depende de la salud de la red social. Y la salud de la red social está un poco tocada. La sociedad ha evolucionado muchísimo más rápido de lo que lo ha hecho nuestro sistema nervioso. No es lo mismo corregular con tu tribu que con todo un planeta. La ruptura relacional es parte de cualquier relación, pero con 7.800 millones de personas las rupturas son mucho más difíciles de manejar. Resulta más sencillo rechazar y condenar a ese que no piensa como yo, porque ni siquiera le pongo cara. ¿Para qué voy a intentar reparar y comunicarme, con lo que cuesta, si es más fácil despreciar y ponerme por encima? Desde luego, imaginar un planeta que se corregula es una utopía. Pero tú, hermana, **sí puedes crear corregulación en tu planeta.**

Mientras el mundo parece estar cada vez más centrado en la independencia, la conexión con los demás es la base para navegar en tu día a día de una manera segura. De hecho, estar aislados de otras personas supone un factor de riesgo para la salud. Es más, aumenta la mortalidad en un 26 por ciento. Tiene un impacto parecido al de echarte quince cigarros al día. Quince. En mi consulta, he visto demasiados casos de personas con depresión que viven con esa sensación de soledad. La mayoría de las veces es una soledad rodeada de gente. Pero, en el fondo, la persona no se siente vista por los demás, ni con valor, ni se considera importante. Es como si la falta de corregulación (que se siente como abandono) de la niñez se hubiera quedado estancada en una sensación silenciosa pero constante de que, en el fondo, estás sola y no importas. No es lo mismo sentirte sola que estarlo. La soledad es una experiencia subjetiva. No surge de un estado de soledad literal, sino de una percepción de aislamiento social y desconexión. Somos seres sociales que necesitan conectar. Y desde este lugar de seguridad podemos disfrutar de la soledad. Con unas buenas raíces sociales, es posible disfrutar de estar solas sin sentirnos abandonadas ni ansiosas. Pero cuando la necesidad biológica de conexión no se satisface, sufrimos. Un sistema que vive rodeado pero desconectado de los demás tiende a ser un sistema desregulado.

Ejercicio 1: escala de soledad
Explora tu sensación de soledad con estas preguntas:

- ¿Con qué frecuencia sientes que te falta compañía?
- ¿Cada cuánto tiempo te sientes excluida o aislada por los demás?

Estas cuestiones forman parte de la llamada «escala de la soledad», creada por la Universidad de California en Los Ángeles. Se trata de uno de los barómetros más utilizados para medir esta variable, y te ayuda a comprender mejor tu sensación de aislamiento y desregulación en relación.

Si corregular es una de las claves pero no te sientes segura haciéndolo porque tu cerebro te manda señales de alarma, ¿qué hacemos? Hermana, hay solución. He visto a muchísimas mujeres aprendiendo a comunicarse en las sesiones grupales. Me emociono cuando lo veo. Por eso, yo trabajo haciendo terapia grupal. Los grupos son un contexto seguro, pero natural, donde aprendes a corregularte con otras personas. La terapia grupal tiene una fuerza transformadora. Sentirte vista y validada por otros seres con tus partes «mejores» y «peores» es extraordinario. Y el objetivo es que lo hagamos cada vez más ordinario, que vivamos la vida siendo vistas como somos realmente, con todo nuestro arcoíris de estados. El grupo también te permite hablar de emociones difíciles o de tus voces críticas de una manera segura, sin sentirte juzgada. Es precisamente esta experiencia la que nos falta muchas veces en nuestra niñez. La capacidad de autorregularse se basa en experiencias continuas de corregulación. A través de ella, nos conectamos con otros y creamos una sensación compartida de seguridad.

La vida está llena de emociones difíciles e incómodas, de duelos y de desafíos, que nuestro sistema nervioso no siempre es capaz de sostener solo. Aunque suene contradictorio, **necesitamos sentirnos seguras con otros para poder experimentar emociones incómodas.**

Para muchas personas esta es una experiencia desconocida o que solo sucede en terapia. Su cerebro predice desregulación en las relaciones. Según Stephen Porges, el trauma podría describirse como la interrupción crónica de la conectividad. Estas personas pasan de la conexión con el otro a la defensa. He sido testigo de muchas personas sufriendo altos niveles de ansiedad por intentar gestionar un problema con alguien rumiando, teniendo mil conversaciones en su mente, planteándose mil porqués e intentando descifrar los motivos de las otras personas. **Todo en su cabeza.** Una cantidad de energía y desgaste brutal que se podían haber ahorrado con **veinte minutos de comunicación efectiva.** Pero sus cerebros no conciben esa opción. Cuando sentimos peligro en una relación tendemos a distanciarnos y protegernos. Desde este lugar, el cerebro está ciego o malinterpreta las oportunidades de conectar y reparar con otros. Pero puedes reeducar a tu cerebro hacia una nueva manera de relacionarte, y la comunicación es una de las habilidades clave para conseguirlo.

La corregulación es como una danza constante entre dos personas. Se trata de una adaptación mutua, tanto en el comportamiento como en sus reacciones biológicas, sus hormonas y su sistema nervioso. Este proceso ocurre tanto a un nivel consciente como inconsciente. Uno de los canales principales de corregulación, es la comunicación. La comunicación es clave en cualquier relación, ya que tiene el poder de modular al otro. Una parte fundamental del proceso terapéutico es desarrollar habilidades que te permitan comunicarte emocionalmente de manera efectiva con los demás. Comunicarse de manera efectiva es ayudar a la otra persona a entender tu mapa emocional y asegurarte que creas espacios para entender el mapa emocional del otro. El mapa emocional es como tu guía personal de emociones, necesidades, heridas y vivencias, que te ayuda a ti y a los demás a entender quién eres y cómo navegarte.

Comunicarse es aprender a reparar

En toda relación y comunicación hay conflictos, lo que también llamamos «rupturas». La reconexión después de una ruptura suele ser incómoda y, a veces, dolorosa. Pero si desarrollas esta habilidad, el resultado será la nutritiva y calmante conexión con el otro. Como vimos en la tierra de las bebés, la reparación de estas rupturas es la base del apego seguro. La mayoría de las rupturas son micromomentos, pero a veces son acciones claras o concretas. Las secuencias serían la siguientes:

- Conexión-ruptura-reparación.
- Conexión-ruptura-ruptura total.
- Conexión-ruptura-ruptura parcial.

Las lecciones que aprendiste de rupturas no reparadas moldean tu mundo y además se transmiten de generación en generación. Las rupturas en la comunicación y las relaciones a menudo están **vinculadas a necesidades no satisfechas**. Integrar un lenguaje de necesidades en tus relaciones es fundamental. Cuando nuestras necesidades no se cumplen, tendemos a reaccionar culpando al otro, juzgándolo, criticándolo, reprochándole o incluso ignorándolo. John M. Gottman, uno de los principales expertos en terapia de pareja a nivel mundial, identifica ciertas acciones que causan la ruptura y dificultan la conexión en las relaciones.

- Culpar o juzgar: Cuando culpas o juzgas, te conviertes en la voz crítica, pero hacia el otro. Además, cuando te comunicas desde la acusación hay una gran probabilidad de que el otro oiga con mucho más volumen tu crítica que tu necesidad.

- El silencio: El silencio interrumpe la comunicación hablada, y manda un mensaje pasivo de descontento que no es explícito. De esta manera no pides lo que necesitas y puede que el otro ni siquiera entienda qué está pasando.

- Desprecio: El ponerse por encima, el sarcasmo, el insulto y, en general, la hostilidad o desprecio hacia el otro son rupturas directas. Cuando el otro se

siente atacado casi siempre hace dos cosas: defenderse y atacar de vuelta.

- Defenderte ante una crítica: Cuando el otro te expresa un dolor o necesidad y **tu cambias el foco de atención de la necesidad del otro a tu justificación sobre el tema**, es muy probable que la otra persona no se sienta escuchada. Esto es una ruptura importante y una de las más típicas. Antes de explicar tus porqués, asegúrate que haces saber al otro que has entendido su necesidad.

Aquí tienes dos simples y cortos pero potentísimos ejercicios para que puedas trabajar en las rupturas relacionales y en expresar tus necesidades. Recuerda realizar estos ejercicios desde un sitio de calma y regulación. Busca un espacio y un momento tranquilo para completarlos de manera escrita.

Ejercicio 2: Conecta con tus necesidades.
El objetivo de este ejercicio es que cambies la atención de lo que el otro hace mal a lo que tú necesitas.

1. Si te ves realizando cualquiera de las cinco acciones anteriores (culpa, acusación, crítica, silencio, desprecio), pregúntate: ¿Qué necesito que no está siendo

satisfecho? ¿Qué necesidad hay detrás de mi enfado o frustración?

2. Si es la otra persona la que está expresando su necesidad, aunque lo esté haciendo a través de una crítica, intenta escuchar la necesidad y pregúntate: ¿Qué necesita que no está siendo satisfecho? ¿Qué necesidad hay detrás de su enfado o frustración?

El punto es que identifiques tus necesidades y las del otro a la vez que bajas el dedo acusador.

Ejercicio 3. Cambia el «tú» por el «yo»
El objetivo de este ejercicio es que expreses tus emociones en lugar de inculpar a la otra persona.

1. Expresa lo que quieres decir usando una frase que empieza por «yo/me» en vez de por «tú/te».
2. Si en la frase vas a expresar una necesidad, sé concreta. Ejemplos:
   «Siempre llegas tarde» *versus* «Me gustaría que si llegas tarde me avises al menos una hora antes».
   «Siempre te quejas» *versus* «Me gustaría que esta tarde busquemos soluciones sobre este tema juntos».

«Eres muy desorganizado» *versus* «Necesito que hablemos de cómo vamos a mantener el orden».

Este ejercicio fue propuesto por Thomas Gordon en la década de 1960 como resultado de sus observaciones con los «I message» (frases del yo).

APRENDER A REPARAR: LA FUENTE DE CORREGULACIÓN

Según Gottman, y en línea con todo lo que hemos visto en este viaje, uno de los mayores indicadores de que una relación se acabará rompiendo son los **intentos fallidos de reparación**. Para este autor los intentos de reparación son acciones que realizamos para reducir la tensión durante una pelea, para poner freno y prevenir el desbordamiento emocional. Vamos a trabajar con este tipo de reparaciones para que puedas reducir el número de rupturas en tus relaciones. Gottman, que trabaja sobre todo con parejas, asegura que puede predecir si una discusión se va a resolver con un 96 por ciento de certeza. Y solo necesita tres minutos. Para ello uno de los indicadores que utiliza es la capacidad de reparación. Las parejas emocionalmente inteligentes intentan más a menudo resolver los conflictos y reparar. Estas conclusiones las podemos extrapolar a cualquier tipo de relación. Expresiones como «por favor no me grites», «lo siento» o una sonrisa relajada pueden desescalar una situación tensa. Todos estos intentos ayudan a mantener la salud en las relaciones. ¿Cuál es tu capacidad para reparar y corregular en una relación? Te he preparado un test muy potente para que lo averigües. Accede a él a través del QR.

Aquí tienes otro ejercicio para practicar la habilidad de reparación y corregulación. Poco a poco, irás construyendo el hábito de comunicarte de manera efectiva, enseñándole a tu cerebro que la seguridad relacional no solo existe, sino que la puedes crear tú.

Ejercicio 4: Un vocabulario común

Te será de gran ayuda que crees un lenguaje en torno a la regulación y las necesidades. Con él puedes crear **cultura de reparación** en tus relaciones. Comparte este libro y las ideas que hay en él con tus vínculos cercanos (pareja, amigas o familia). Crea un lenguaje común en que, con dos o tres palabras, puedas hacerle saber al otro cuándo te sientes desregulada. Para ello, sigue estos cinco pasos:

1. Abre una conversación con una persona cercana a ti en la que introduzcas el tema de la regulación y la corregulación.
2. Asegúrate de que abres este espacio conversacional estando calmada y conectada con el otro. En un estado de desregulación, el otro probablemente se altere también. Desde ese estado, solemos ponernos en una actitud de defensa/ataque por lo que es difícil que estéis abiertos a escucharos.
3. Identifica qué necesitáis cada uno cuando os ponéis nerviosos para volver a la regulación (un abrazo, espacio, respirar, dar un paseo).
4. Crea una «frase código» que podáis usar cuando tengáis un conflicto y daos permiso para usarla cuando estéis desregulados. Por ejemplo, «Estoy desregulada, necesito un segundo».
5. Cuando estéis en un conflicto y os alteréis, usad la «frase código». En ese momento, ambos sabréis lo que el otro necesita para calmarse y os lo daréis (espacio, un abrazo, salir de la interacción). Una vez regulados, retomad el tema desde la tranquilidad.

Te animo a que no tengas conversaciones sobre temas difíciles o tomes decisiones desregulada. Si te encuentras en ese estado, date espacio, regúlate y retoma desde la calma.

Si de todo lo que estás aprendiendo en este viaje tan solo consigues hacer esto, podrás cambiar completamente tu mundo. Lee bien esto de nuevo, sister.

¿QUÉ ES REALMENTE LA RESPONSABILIDAD EMOCIONAL?

El conocimiento sobre una misma implica una mayor amplitud de opciones; con estas vienen las elecciones y con las elecciones, la responsabilidad. La famosa responsabilidad emocional. Creo que es necesario que aclaremos de una vez por todas qué es realmente la responsabilidad emocional. Para ello, usaremos el ejemplo de Susana, una de mis pacientes.

Susana tiende hacia un apego ansioso. La han engañado en el pasado, y cuando está en una relación, se desregula. Cree que la van a engañar o que la abandonarán de nuevo. Susana va a terapia y aprende a expresar sus necesidades. Le expresa a su pareja, María, su sufrimiento, su manera de apegarse y su miedo cuando está en una relación. Su pareja la entiende, empatiza con ella. Susana le cuenta a María una serie de necesidades que ha aprendido a expresar en los últimos meses gracias a nuestro trabajo en terapia:

- Necesito que me prestes atención cuando llego a casa.

- Necesito que me escribas cuando estás fuera con tus amigos contándome qué tal.
- Necesito que ajustes tus planes para pasar tiempo conmigo, aunque esto suponga cancelar los tuyos.

María se compromete a intentar activar todo esto, pero admite que cuando sale con sus amigos ella desconecta del móvil sin darse cuenta y le cuesta mucho estar pendiente. María tiene rasgos de trastorno atencional y tiene dificultad para manejar ciertas cosas cuando hay muchos estímulos. En su siguiente salida con amigas, a María se le olvida escribir. A Susana se le activa su herida de nuevo y se cabrea con ella.

En este ejemplo, como en la mitad de los casos en la vida real, hay un conflicto de necesidades. Tus necesidades chocan con las mías. Aquí, María necesita expresar claramente que no puede asegurarle que le va a escribir. Y juntas pueden ayudar a Susana a buscar otras formas de gestionar su herida.

El lenguaje de necesidades es una negociación constante, no es una lista de imperativos. Es un baile de reparación y ruptura que se repite constantemente. Es un lenguaje que implica:

- Primero, que tú conozcas muy bien tu mapa emocional (heridas, voz interna, emociones, tu historia) y que a través de él entiendas tus necesidades.

- Segundo, que le comuniques ese mapa emocional a la otra persona.
- Y tercero, que te asegures de que inviertes tiempo y espacio en intentar entender el mapa emocional del otro.

La responsabilidad de la otra persona es conocer su mapa y comunicarlo. Esto es algo que tú no puedes hacer **ni es tu responsabilidad.** Las personas que tienen dificultad para reparar y se toman como algo personal las acciones de los demás tienden a culparles de sus emociones. Y muchas veces usan la palabra «responsabilidad emocional» para defender su postura. Y esto no es responsabilidad emocional. La responsabilidad emocional no es una demanda ni una exigencia, es una petición. La responsabilidad emocional reside en la delgada línea en la que viven tus necesidades y las de los demás. Significa que tomes consciencia de que tus palabras, tus gestos y tus acciones tienen un impacto en el sistema nervioso de las otras personas. Y sobre todo implica **comunicarte y abrir espacio para escuchar al otro. Tu responsabilidad es la relación,** no el mundo interno de la otra persona.

Por lo tanto, la responsabilidad de cada una en la pareja implica **comunicarse** de manera efectiva, **para pedir apoyo al otro mientras te responsabilizas de tu sistema**

nervioso. Tu pareja (u otra relación) es tu aliada en el proceso de que tú te ocupes de ti. Este es el baile de la interdependencia.

Ejercicio 4: Tomar responsabilidad y expresar necesidades

Túmbate en tu césped y ponte las gafas del sistema nervioso (las que te ayudan a empatizar con el sistema nervioso de los demás). Desde ahí, realiza este ejercicio con tu pareja o cualquier otra relación:

1. Identifica algo que hace la otra persona que te irrita.
2. Reflexiona sobre si esto tiene que ver con una herida (miedo al abandono o al rechazo, invalidación).
3. Si esa emoción tiene que ver con una herida, explícaselo a la otra persona.
4. Expresa tu necesidad de la siguiente forma: «Necesito que me ayudes a poder encargarme de esta emoción. Es algo que me duele porque en mi pasado «X». ¿Podrías comprometerte a «Y»?»

Por ejemplo: «Cuando te vas de fiesta con tus amigos me siento insegura. Otras parejas me han engañado antes y me cuesta confiar. Necesito que me ayudes cuando me siento así. ¿Podrías comprometerte a man-

---

darme un mensaje con la hora a la que vas a llegar cuando lo sepas?».

Usa esta estructura pero ponle tus propias palabras de manera que te sea natural expresarlo. Puede que el paso 2 te resulte difícil. Por eso, cuando pones límites sin conocer tus heridas, hay un cierto riesgo de que acabes responsabilizando a los demás de tus propias emociones. En el paso 4 estás expresando tu necesidad, a la vez que te encargas de tus emociones. La frase «Necesito que me ayudes a poder encargarme de esta emoción» es potentísima. **Es tan vulnerable como responsable.** Te animo a que la añadas a tu vocabulario relacional.

CONOCERTE PARA LUEGO COMUNICARTE

Aunque tu sistema haya pasado mucho tiempo desregulado, tu pasado no determina totalmente tu futuro. Es el sentido que le das a tu pasado lo que más importa, y eso siempre está a tu alcance. Hemos venido a esta parte de tu planeta al final del viaje porque, antes de explicarles a los demás qué pasa dentro de ti, es necesario que primero lo entiendas tú. La comunicación efectiva es posible cuando eres capaz de reconocer y encargarte de tus heridas, entender tus voces críticas y estar conectada con tu sistema nervioso. Cuando sabes parar y tomar consciencia de todo esto, tu cerebro empieza a cambiar sus patrones pasados y a estar presente. Desde este nuevo lugar, comunicarte y reparar se hace más fácil y natural. **Tu felicidad y tu plenitud van a ser proporcionales a tu capacidad de autorregulación, de corregulación con las personas de tu alrededor y de masterizar el proceso de reparación-ruptura.** Gran parte de tu energía la utilizas para interactuar con los demás; cuando esta energía fluye hacia la conexión en vez de hacia la protección, la vida se siente mejor.

11

EL GRAN PICO DEL ÁGUILA

Estamos a punto de finalizar esta aventura. Antes de acabar, quiero enseñarte un sitio espectacular. Nuestra última visita en este viaje: el gran pico del águila, donde puede verse todo tu planeta. Hemos subido a este pico con un propósito: que puedas observar tu mapa interno desde arriba. Y qué mejor que este sitio para ver tu propia historia, con una visión de águila. Antes de finalizar esta excursión cósmica, quiero hacerte un regalo. Es un mapa que está por completar. Tu mapa emocional interno. Plasma la vista que tienes desde el gran pico del águila en este mapa. Para que, cuando no estés aquí, siempre lo puedas recordar.

Ejercicio 1: Dibuja tu mapa

Usando el mapa del ejemplo, completa tu mapa emocional. Con esta actividad reconectarás con los aprendizajes que has hecho a lo largo de este viaje tan fetén. Completa la información clave de cada capítulo dentro del mapa.

- Tierra de tus ancestras. Aprendizajes sobre mi cerebro/cuerpo:
- El valle de los bebés: Mi estilo de apego:
- El río de las niñas. Cinco adjetivos para la relación con mi madre/padre:
- Los acantilados de las *teen*. De qué manera me traicioné para encajar:
- El caserío de los pensamientos. Mi voz crítica:
- El bosque de las heridas. Mis heridas:
- La cueva de la conexión. ¿Qué me ayuda a regular? ¿Qué me desregula?
- El jardín y la red. ¿Cómo puedo reparar?

Esto que acabas de hacer es masivo. Es el primer paso para todo. Tomar consciencia sobre tu mundo interno es el primer paso para construir relaciones que funcionan. Tu mapa irá cambiando con el tiempo, con nuevas montañas, nuevos ríos. Y es tu responsabilidad volver a él a me-

RELLÉNAME

nudo, para seguir explorándolo y entendiéndolo. Llévalo siempre contigo. Me gustaría recordarte, una vez más, que hacer todos estos ejercicios sola no es suficiente: te animo a que lo trabajes con un especialista que te pueda sostener.

EL PICO DEL ÁGUILA, DONDE TODO SE VE

En el camino de vuelta a casa me encantaría comentar contigo lo que hemos visto.

Acuérdate de que empezamos en la tierra de tus ancestras. Fuimos allí para que entendieses cómo funciona tu cuerpo. En ese lugar aprendiste que tu sistema es una organización compleja multifactorial e interconectada. También que el cerebro no es triuno, que no está dividido en dos y que estos son modelos caducados. Aprendiste, de hecho, que el cerebro es una red interconectada donde parece ser que nada tiene un sitio fijo. Viste que los cerebros son flexibles y se moldean con la experiencia personal de cada individuo. Te diste cuenta de que las hormonas y los genes son multifactoriales y que todas las partes del sistema nervioso se influyen entre ellas y dependen del ambiente. Aprendiste que las emociones se construyen y que la separación de cabeza y corazón o mente y emoción no es real. Viste que las emociones tienen componentes cognitivos, y que la mente y el cuerpo son todo un sistema complejo. Aprendiste sobre el ciclo del estrés y cómo respondemos con diferentes estrategias para enfrentarlo, algunas más sostenibles que otras.

Nuestras siguientes tres paradas tuvieron como objetivo que entendieses el desarrollo del sistema nervioso desde el nacimiento hasta la vida adulta. Empezamos esta etapa del viaje en la tierra de las bebés, donde vimos que te corregulaste para tu madre desde el nacimiento; también que la manera en la que te correguló tu madre influyó en la forma en la que tu sistema nervioso responde como adulta. Aprendiste sobre los estilos de apego y profundizamos aún más. Te percataste de que tu apego tiene un estilo único, así como de la importancia del ciclo ruptura/ reparación en relación con sentirte segura. Viste cómo el cerebro predictor se organiza con las primeras experiencias y está activo acumulando información desde el minuto uno. Ahora sabes que las bebés solo necesitan tener una madre *Good enough*, y cuáles son las consecuencias que pueden darse cuando el sistema del bebé pasa demasiado tiempo desregulado.

Luego fuimos al río de las niñas y comprobaste cómo el sistema nervioso va moldeándose a lo largo de la vida y cómo las niñas van formando su modelo de mundo interno con cada una de sus experiencias. Entendiste que las niñas tienen una gran necesidad de ser validadas y vistas por sus padres. También aprendiste que cuando, el sistema de estas niñas se desregula, esto influye en su mapa interno y que cada experiencia que acumulan se añade a su organización del mundo.

Continuamos en los acantilados, donde vimos cómo la adolescencia es una de las épocas más desafiantes para el sistema nervioso. Ahora eres consciente de cómo, para este momento, las niñas ya tienen una mochila llena de experiencias y que cuando no han desarrollado las habilidades necesarias se les activan mil defensas. Viste cómo las estrategias de supervivencia se convierten en su identidad y cómo se traicionan a sí mismas para poder encajar.

Aquí hicimos un parón en el templo de la libertad. Allí aprendiste a tomar distancia interna con tus niñas interiores. Esto era necesario para que más tarde pudieras ir al bosque de las heridas y al caserío de los pensamientos, y continuar el viaje sin sentirte abrumada por las emociones.

Y nos adentramos así en la segunda parte del viaje, cuyo objetivo fue que entendieses a tu sistema nervioso como adulta y que identificaras qué te regula, qué te desregula, cómo regularte y cómo corregular.

Primero fuimos al bosque de las heridas, donde identificaste las experiencias desreguladoras que tuviste a lo largo de tu vida y que aún te afectan hoy. Pudiste hablar con partes de tu pasado y conectarte con otras mujeres que han experimentado dolores similares. También te diste espacio para conectar con el duelo de haber perdido cosas en tu niñez que tal vez no puedes recuperar y entendiste que algunas aún son recuperables.

Luego fuimos al caserío de los pensamientos, en el que conectaste con tus voces críticas. Entendiste que están ahí para protegerte y que la clave para trabajar con ellas no es ponerte en su contra, ni luchar. Aprendiste que la clave es escuchar sus miedos y sus dolores, aceptarlas y hablar con ellas desde la curiosidad. Te diste cuenta de que una de sus funciones es que no sientas dolor, ni rechazo, ni abandono. Y que están completamente comprometidas con esta misión.

Luego nos dirigimos a la cueva de la conexión, donde escuchaste a tu sistema nervioso desde la consciencia. Supiste cuáles son los diferentes estados de tu sistema y reflexionaste sobre qué te hace entrar en cada uno de ellos.

Entendiste que aceptar tus emociones y dejar a tus estados internos fluir sin censura es fundamental para poder encargarte de ti hoy.

Y por último, fuimos a la red, donde todos los sistemas nerviosos están conectados. Aprendiste que corregularse en relación es posible y clave para el bienestar. Ahora sabes que desarrollar la capacidad de reparación y comunicación como adulta es fundamental para mantener la salud de tus relaciones. Aprendiste lo que es la responsabilidad emocional y cómo activarla. Y entendiste que tu sistema nervioso, a pesar de tu pasado, puede reaprender y salir de la desregulación.

Y después de un largo viaje, has venido aquí a observarlo todo desde arriba y plasmarlo en un papel. Vaya trip, hermana. Mil gracias por haberme dejado ser testigo de este proceso.[14]

EL TRABAJO INTERIOR NO ES UNA TIRITA, ES UNA MANERA DE VIVIR

Antes de marcharnos me gustaría recordarte que el trabajo interno es un camino de por vida. La relación contigo misma es la relación más larga e importante que vas a tener. Vives contigo los 365 días del año. Es la única relación que no puedes romper. Te animo a que no trabajes en ti misma solo cuando estás mal. Tradicionalmente la psicología se vincula con la enfermedad. Vamos a la psicóloga cuando algo nos duele dentro, para que nos cure. Pero la clave es prevenir. Que hagas del crecimiento interno parte de tus hábitos de vida, como comer bien o hacer ejercicio. De hecho, si inviertes en terapia cuando estás en un buen momento, integrarás todo con mucha más facilidad; lo disfrutarás y lo amortizarás mucho más. Cuando las cosas van bien, dejas que la rutina y el modo automático cojan el volante, sin tomar consciencia de tus palabras, acciones y decisiones. Asegurarte de que desarrollas habilidades emocionales, relacionales y comunicacionales conscientemente es necesario siempre. Es, y aún digo más, **la verdadera libertad.**

LAS CAÍDAS Y LA VUELTA A CASA

En el camino hacia tu sanación interior, muchas veces te caerás. Esto es inevitable. Cuando una anda, se tropieza. En este camino estás aprendiendo cosas nuevas. Tu cuerpo necesita un tiempo para integrar esos nuevos cambios. Y en ese proceso, hay momentos en los que darás pasos hacia atrás. Hay momentos en que actuarás como si tuvieras cinco años o sentirás que estás de nuevo en la casilla de salida. Te puedo asegurar que le pasa a cada una de las mujeres a las que acompaño. A mí también. Todas caemos. Llevo veinte años formándome como psicóloga, me he leído cientos de libros, me sé las teorías y me caigo una semana sí y la otra también. Todas estamos en medio de algún proceso. La vida es un proceso. Y yo espero seguir cayéndome y aprendiendo cosas hasta el final. Te animo a que tu meta interna no sea estar siempre en un equilibrio y bienestar constante, porque te lo vas a poner muy difícil. Normaliza los pasos atrás o los días de bajón como parte del camino. Es precisamente ahí cuando más necesitas de ti. Eres tu propio acompañamiento en este proceso de sanación interna. Y te necesitas compasiva.

La nave está lista para nuestra vuelta.
Ponte cómoda y guárdate muy bien tu nuevo mapa.
Ha sido un absoluto placer acompañarte. Lo que acabas de hacer no es fácil.
Bravo, valiente. De aquí, a las estrellas.

NOTAS

1. Como bien subraya Daniel Siegel en su libro *The developing mind,* «Cuando usamos el término "cerebro", podemos ver que no tiene sentido separar esta estructura basada en el cráneo del cuerpo en su totalidad».

2. En este libro he usado la metáfora de un viaje a diferentes lugares internos usando una nave como vehículo. Esta idea es la vértebra e hilo conductor de la narrativa del libro. El concepto es en honor al grande de Carl Sagan y a *Cosmos,* al cual admiro desde hace décadas y creó una de mis series favoritas *Cosmos.*

3. Según Jesús Martín-Fernández: «En el cerebro, la neurociencia de redes nos muestra que no podemos entender una función cerebral como nacida o producida en una región, sino que esta función nace de la interacción entre diferentes regiones. Por ejemplo, para identificar una emoción en la cara de otra persona, no se activa una sola área del cerebro, sino que se activa un conjunto de regiones que forman parte de una red. En el caso del lenguaje, se trata de una función cerebral multidimensional. El cerebro no solo tiene que emitir los sonidos

que forman una palabra (lo que llamamos fonética), sino que necesita acceder a las diferentes palabras dependiendo del contexto (léxico), así como entender cómo se relacionan según su significado cada una de esas palabras (semántica), o cómo usamos el lenguaje dependiendo de si estamos en una conversación privada o delante de 500 personas (pragmática)».

4. Una de estas novedosas perspectivas es la conectomista. El conectoma es el mapa de las conexiones entre neuronas en el cerebro. Se trata de una perspectiva multifactorial, por la que podemos ver que las funciones cerebrales no se encuentran en ubicaciones específicas, sino que estas surgen de la interacción entre múltiples subredes dentro del cerebro.

5. En el ámbito de la psicología y la neurociencia, aún no existe un consenso claro sobre una teoría unificada de las emociones. Diferentes corrientes y enfoques ofrecen diversas perspectivas sobre cómo entender y clasificar las emociones. En este libro usamos el enfoque de Lisa Feldman Barrett. Lisa sostiene que las emociones son construcciones conceptuales en vez de innatas y universales

6. Diferencia entre homeostasis y alostasis. La homeostasis se refiere a la regulación fisiológica que mantiene un punto de equilibrio, mientras que la alostasis se considera una forma desregulada de regulación que implica respuestas exageradas o peleas entre funciones del cuerpo, con un costo fisiológico potencialmente elevado.

7. Paula es el primer nombre de paciente que he usado en el libro. Todos los nombres usados durante el libro son ficticios para respetar el anonimato de los pacientes, aunque sus historias son reales.

8. El término fisiológico sería «carga alostática». La carga alostática es el desgaste acumulativo de los sistemas fisiológi-

cos del cuerpo que resulta del estrés crónico y los esfuerzos del cuerpo para adaptarse a él.

9. Estos dos ejercicios están sacados de las preguntas tres y cuatro, cinco, seis y ocho dentro de la Entrevista de Apego en Adulto (AAI) desarrollada por Mary Main, Erik Hesse y Susan Cassidy en 1985.

10. Perfiles de adolescentes. Subrayar que estos ejemplos son abstracciones y que no se ajustan a la complejidad de perfiles reales. Su uso tiene la función de proporcionar un ejemplo caricaturizado que pueda ayudar a visualizar de manera rápida cómo estrategias de enfrentamiento del estrés pueden acabar tomando las riendas de la vida de una persona. La personalidad e identidad de una persona están formadas por muchas capas que, de hecho, los psicólogos no entendemos aún del todo. Estos ejemplos son solo una simplificación.

11. El sistema del miedo es un sistema de defensa. Según Joseph LeDoux: «A esto se le llama condicionamiento del miedo o miedo condicionado. Donde estímulos sin significado se convierten en señales de advertencia, señales que indican situaciones potencialmente peligrosas en función de experiencias pasadas con situaciones similares. El condicionamiento del miedo no solo es rápido, sino también muy duradero. Sin embargo, la exposición repetida al estímulo condicionado en ausencia del estímulo incondicionado puede llevar a la "extinción". Es decir, la capacidad del estímulo condicionado para provocar la reacción de miedo disminuye al presentar el estímulo condicionado una y otra vez sin el estímulo incondicionado. En otras palabras, con el tiempo, el miedo condicionado puede disminuir si se expone repetidamente al estímulo sin que ocurra la situación temida».

12. Otro de los síntomas del trauma emocional es la disociación. Cuando nos enfrentamos a un evento estresante y no

podemos escapar de él usando otras estrategias, el sistema opta por desconectar algunas partes. Suele darse en situaciones de indefensión en las que no hay otras salidas. Es, a menudo, inconsciente. Puede que lo hayas vivido durante algún duelo muy doloroso, en que la situación parece lejana o surrealista. La disociación te permite desconectarte del dolor. Es una defensa que a las niñas les ayuda a distraerse y protegerse del abrumador dolor del rechazo. La disociación tiene una función muy valiosa, pues ayuda a mantener desconectada la energía no liberada de la hiperactivación que hay durante la situación traumática de la que no se puede escapar. Pero es funcional solo en determinados casos muy concretos, y cuando se convierte en un modo habitual ante el estrés diario, no es sostenible.

13. Duelo. Parte clave del trabajo de sanación es conectarte con las emociones que no gestionaste en tu pasado. Cuando tus padres no estaban ahí como tú lo necesitabas, emociones como el cabreo o la rabia son naturales y funcionales. Para sobrevivir a esa situación y mantener el vínculo como niña, a menudo, el cuerpo las reprime. Cuando somos pequeñas no tenemos la madurez para poner límites o integrar que nuestros padres no nos cuidan como necesitamos. Es importante que te cabrees y llores. A veces, esta fase depresiva se alarga en el tiempo y se resuelve con una paz interna y capacidad de perdonar natural. Esto no implica que la rabia y la tristeza desaparezcan, pero son más gestionables y no se mantienen bloqueadas dentro de ti.

14. En este código encontrarás ejemplos de todos los ejercicios del libro completados para que los uses como guía.

BIBLIOGRAFÍA

Ainsworth, M. S., Blehar, M., Waters, E., Wall, S., *Patterns of Attachment (1st ed.)*, Taylor and Francis, 2015.

Asch, S. E., «Studies of independence and conformity: A minority of one against a unanimous majority», *Psychological Monographs: General and Applied*, vol. 70, n.º 9, 1956.

Baldoni, F., Minghetti, M., Craparo, G., Facondini, E., Cena, L., Schimmenti, A., «Comparing Main, Goldwyn, and Hesse (Berkeley) and Crittenden (DMM) coding systems for classifying Adult Attachment Interview transcripts: an empirical report», *Attachment & Human Development*, vol. 20, n.º 4, 2018, pp. 423-438, <https://doi.org/10.1080/14616734.2017.1421979>. Adición bibl.: Barrett, L. F., «Are emotions natural kinds?», *Perspectives on psychological science*, vol. 1, n.º 1, 2006, pp. 28-58.

Barrett, L. F., *How emotions are made: The secret life of the brain*, Houghton Mifflin Harcourt, 2017.

Barrett, L. F., Satpute, A. B., «Large-scale brain networks in affective and social neuroscience: towards an integrative functional architecture of the brain», *Current opinion in neurobiology*, vol. 23, n.º 3, 2013.

Barrett, L. F., *Seven and a half lessons about the brain*, Houghton Mifflin Harcourt, 2020.

Barrett, L. F., «Solving the emotion paradox: Categorization and the experience of emotion», *Personality and social psychology review*, vol. 10, n.º 1, 2006.

Barrett, L. F., «The theory of constructed emotion: an active inference account of interoception and categorization», *Social cognitive and affective neuroscience*, vol. 12, n.º 1, 2017, <https://doi.org/10.1093/scan/nsw154>.

Baumann, M., «Conflict Model Circumplex», *Conflict Science Institute*, 2020, <www.conflictscienceinstitute.com/conflict-model-circumplex/>.

Baumeister, R. F., Bratslavsky, E., Finkenauer, C., Vohs, K. D, «Bad is stronger than good: Evidence-based perspectives on negative amplification in everyday life», *Review of General Psychology*, vol. 5, n.º 4, 2001.

Beebe, B., Lachmann, F. M., «Infant Research and Adult Treatment: Co-constructing Interactions (1st ed.)», *Routledge*, 2005, <https://doi.org/10.4324/9780203767498>.

Beebe, B., McCrorie, E., «The Optimum Midrange: Infant Research, Literature, and Romantic Attachment», *ATTACHMENT: New Directions in Psychotherapy and Relational Psychoanalysis,* vol. 4, 2010.

Beebe, B., *et al.*, «The origins of 12-month attachment: A microanalysis of 4-month mother–infant interaction», *Attachment & human development,* vol. 12, n.° 1-2, 2010.

Bowlby, J., «Maternal care and mental health», *World Health Organization Monograph Series,* vol. 2, Suiza, 1951.

Bowlby, J., «The nature of the child's tie to his mother», *International Journal of Psycho-Analysis,* vol. 39, n.° 5, 1958.

Bowlby, J., «Attachment», *Attachment and Loss,* vol. 1, Basic Books, 1969.

Bradshaw, J., *Healing the shame that binds you: Recovery classics edition,* Health Communications, Inc., 2005.

Bradshaw, J., *Homecoming: Reclaiming and healing your inner child,* Bantam, 2013.

Brown, B., *Gifts of imperfection,* Hazelden Information & Educational Services, 2010.

Brown, B., *Soul without shame: A guide to liberating yourself from the judge within,* Shambhala Publications, 1998.

Brown, D. P., Elliott, D. S., *Attachment disturbances in adults: Treatment for comprehensive repair,* WW Norton & Co, 2016.

Cacioppo, J. T., Gardner, W. L., «Emotion», *Annual Review of Psychology,* 50, 1999.

Cacioppo, J. T., Cacioppo, S., Boomsma, D. I., «Evolutionary mechanisms for loneliness», *Cognition & emotion*, vol. 28, n.º 1, 2014.

Cacioppo S., Grippo A. J., London S., Goossens L., Cacioppo J. T., «Loneliness: clinical import and interventions», *Perspect Psychol Sci*, vol. 10, n.º 2, 2015, <https://doi.org/10.1177/1745691615570616>.

Cacioppo, J. T., Cacioppo S., «Social Relationships and Health: The Toxic Effects of Perceived Social Isolation», *Soc Personal Psychol Compass*, 2014, <https://doi.org/10.1111/spc3.12087>.

Carpenter, S. K., & Schacter, D. L., «Flexible retrieval: When true inferences produce false memories», *Journal of Experimental Psychology: General*, vol. 147, n.º 6, 2018.

Chamine, S., *Positive intelligence*, Greenleaf Book Group., 2012.

Damasio, A. R., «'Descartes' error and the future of human life», *Scientific American*, vol. 271, n.º 4, 1994.

Dana, D., *Anchored: How to befriend your nervous system using polyvagal theory*, Sounds True, 2021.

Dana, D., *The Polyvagal Theory in Therapy: Engaging the Rhythm of Regulation (Norton Series on Interpersonal Neurobiology)*, W. W. Norton & Company, 2018.

DeCasper, A. J., & Carstens, A. A., «Contingencies of stimulation: Effects on learning and emotion in neonates»,

Infant Behavior & Development, vol. 4, n.º 1, 1981, <https://doi.org/10.1016/S0163-6383(81)80004-5>.

Diamond, D. M., *et al.*, *The temporal dynamics model of emotional memory processing: a synthesis on the neurobiological basis of stress-induced amnesia, flashbulb and traumatic memories, and the Yerkes-Dodson law*, Neural plasticity, 2007.

Duffau, H., «Lessons from brain mapping in surgery for low-grade glioma: insights into associations between tumour and brain plasticity», *Lancet Neurol*, vol. 4, n.º 8, 2005, <https://doi.org/10.1016/S1474-4422(05)70140-X>.

Duffau, H., Duchatelet, C., *L'erreur de Broca: exploration d'un cerveau éveillé*, Michel Lafon, 2016.

Eisenberger N. I., Lieberman M. D., Williams K. D., «Does rejection hurt? An FMRI study of social exclusion», *Science*, vol. 302, n.º 5643, 2003, <https://doi.org/10.1126/science.1089134>.

Felitti, V. J., Anda, R. F., Nordenberg, D., Williamson, D. F., Spitz, A. M., Edwards, V., Marks, J. S., «Relationship of childhood abuse and household dysfunction to many of the leading causes of death in adults: The Adverse Childhood Experiences (ACE) Study», *American Journal of Preventive Medicine*, vol. 14, n.º 4, 1998.

Field, T., *Relationships as regulators*, Psychology, vol. 3, n.º 6, 2012.

Field, T., *The amazing infant*, Blackwell, 2007.

Forbes, D., Nickerson, A., Bryant, R. A., Creamer, M., Silove, D., McFarlane, A. C., O'Donnell, M., «The impact of post-traumatic stress disorder symptomatology on quality of life: The sentinel experience of anger, hypervigilance and restricted affect», *Australian & New Zealand Journal of Psychiatry*, vol. 53, n.º 4.

Fosha, D., *The transforming power of affect: A model for accelerated change*, Basic Books, 2000.

Freddolino, P. L., Tavazoie S., «Beyond homeostasis: a predictive-dynamic framework for understanding cellular behavior», *Annual Review of Cell and Developmental Biology*, vol. 28, 2012.

Gegenfurtner, K. R., Sharpe, L.T., *The Biology of Human Color Perception*, Vision Research, 1999.

Geller, S. M., Porges, S. W., «Therapeutic presence: Neurophysiological mechanisms mediating feeling safe in therapeutic relationships», *Journal of Psychotherapy Integration,* vol. 24, n.º 3, 2014, <https://doi.org/10.1037/a0037511>.

Godoy, L. D., Rossignoli, M. T, Delfino P. P., García-Cairasco N., de Lima Umeoka E. H., «A Comprehensive Overview on Stress Neurobiology: Basic Concepts and Clinical Implications», *Frontiers in Behavioral Neuroscience*, vol. 12, 2018.

González, A. I., *No soy yo: Entendiendo el trauma complejo, el apego y la disociación: una guía para pacientes*, Editorial Anabel González Vazquez, 2017.

Gordon, T., *Parent effectiveness training: The proven program for raising responsible children*, Harmony, 2008.

Gottman, J., *The seven principles for making marriage work*, Hachette UK, 2018.

Graham, S., Kiuhara, S. A., MacKay, M., «The Effects of Writing on Learning in Science, Social Studies, and Mathematics: A Meta-Analysis», *Review of Educational Research*, vol. 90 n.° 2, 2020, <https://doi.org/10.3102/0034654320914744>.

Harmon-Jones, E., «Clarifying the emotive functions of asymmetrical frontal cortical activity», *Psychophysiology*, vol. 40, n.° 6, 2003.

Haase, D., Larondelle, N., Andersson, E. *et al.*, «A Quantitative Review of Urban Ecosystem Service Assessments: Concepts, Models, and Implementation», *AMBIO*, vol. 43, 2014, <https://doi.org/10.1007/s13280-014-0504-0>.

Haase, L., Stewart, J. L., Youssef, B., May, A. C., Isakovic, S., Simmons, A. N., …, Paulus, M. P., «When the brain does not adequately feel the body: Links between low resilience and interoception», *Biological psychology*, vol. 113, 2016.

Haith, M. M., Hazan, C., Goodman, G. S., «Expectation and anticipation of dynamic visual events by 3.5-month-old babies», *Child Dev*, vol. 59, n.° 2, 1988.

Hawkley, L. C., Cacioppo, J. T., «Loneliness matters: a theoretical and empirical review of consequences and mechanisms», *Annals of behavioral medicine: a publication of the Society of Behavioral Medicine*, vol. 40, n.º 2, 2010, <https://doi.org/10.1007/s12160-010-9210-8>.

Henckens, M. J., Pu, Z., Hermans, E. J., van Wingen, G. A., Fernández, G., «Stressed memories: how acute stress affects memory formation in humans», *Journal of Neuroscience*, vol. 32, n.º 38, 2012.

Hernández Pacheco, M., *Apego y psicopatología : la ansiedad y su origen; conceptualización y tratamiento de las patologías relacionadas con la ansiedad desde una perspectiva integradora*, Desclée de Brouwer, 2017.

Hochner, B., Shomrat, T., Fiorito, G., «The octopus: A model for a comparative analysis of the evolution of learning and memory mechanisms», *The Biological Bulletin*, vol. 210, n.º 3, 2006.

Holman, E. A., Silver, R. C., «Getting "stuck" in the past: temporal orientation and coping with trauma», *Journal of personality and social psychology*, vol. 74, n.º 5, 1998.

Huxley, T. H., *Evidence as to Man's Place in Nature*, Reino Unido, Williams and Norgate, 1863.

Jaffe, J., Beebe, B., Feldstein, S., Crown, C. L., Jasnow, M. D., «Rhythms of dialogue in infancy: coordinated timing in development», *Monographs of the Society for Research in Child Development*, vol. 66, n.º 2, 2001.

Johnson, K. A., Becker, J. A., *The Whole Brain Atlas*, Harvard, 2001.

Johnson, M. K., Raye, C. L., «Reality monitoring», *Psychological Review,* vol. 88, n.º 1, 1981.

Kleckner, I. R., Zhang, J., Touroutoglou, A., Chanes, L., Xia, C., Simmons, W. K., Quigley, K. S., Dickerson, B. C., Barrett, L. F., «Evidence for a Large-Scale Brain System Supporting Allostasis and Interoception in Humans», *Nature human behaviour,* vol. 1, n.º 5, 2017, <https://doi.org/10.1038/s41562-017-0069>.

Laurin, M., Reisz, R. R., «Synapsida: Mammals and their extinct relatives», *The Tree of Life Web Project,* 2007.

Lazarus, R. S., Folkman, S., *Stress, appraisal, and coping,* Springer publishing company, 1984.

LeDoux, J. E., *The emotional brain: The mysterious underpinnings of emotional life,* Simon & Schuster, 1996.

Levine, P. A., *Waking the tiger: Healing trauma: The innate capacity to transform overwhelming experiences,* North Atlantic Books, 1997.

Lyons-Ruth, K., Bronfman, E., Parsons, E., «Maternal frightened, frightening, or atypical behavior and disorganized infant attachment patterns», *Monographs of the Society for Research in Child Development,* vol. 64, n.º 13, 1999, <https://doi.org/10.1111/1540-5834.00034>.

MacCormack, J., Lindquist, K., «Bodily Contributions to Emotion: Schachter's Legacy for a Psychological Constructionist View on Emotion», *Emotion Review,* University of North Carolina at Chapel Hill, 2016.

MacLean, P. D., «A triune concept of the brain and behaviour», Canadá, *University of Toronto Press,* 1973.

Main, M., Solomon, J., «Procedures for identifying infants as disorganized/disoriented during the Ainsworth Strange Situation», en M. T. Greenberg, D. Cicchetti, E. M. Cummings (eds.), *Attachment in the preschool years: Theory, research, and intervention,* University of Chicago Press, 1990.

Markowsky, G., «Information theory», *Encyclopedia Britannica,* 2023, <https://www.britannica.com/science/information-theory>.

Martin, A., «The representation of object concepts in the brain», *Annu. Rev. Psychol. 58,* 2007.

Martín-Fernández, J., Gabarrós, A., Fernández-Coello, A., «Intraoperative Brain Mapping in Multilingual Patients: What Do We Know and Where Are We Going?», *Brain sciences,* vol. 12, n.º 5, 2022, <https://doi.org/10.3390/brainsci12050560>.

Maté, G., *When the Body Says No: Exploring the Stress-Disease Connection,* Hoboken, J. Wiley, 2003.

Merabet L. B, Hamilton R., Schlaug G., Swisher J. D., Kiriakopoulos E. T., Pitskel N. B., Kauffman T., Pascual-Leone A., «Rapid and reversible recruitment of early visual cortex for touch», *PLoS One,* vol. 3, n.º 8, 2008, <https://doi.org/10.1371/journal.pone.0003046>.

Mikulincer, M., Shaver, P. R. (eds.), *APA Handbook of Personality and Social Psychology, Volume 3: Interper-*

sonal Relations, American Psychological Association, 2016.

Moriceau S., *et al.*, «Dual Circuitry for Odor-Shock Conditioning During Infancy: Corticosterone Switches Between Fear and Attraction via Amygdala», *J Nsci*, vol. 6, 2006.

Neisser, U., Harsch, N., «Phantom flashbulbs: False recollections of hearing the news about Challenger», en E. Winograd y U. Neisser (eds.), *Affect and accuracy in recall: Studies of "flashbulb" memories*, Cambridge University Press, 1992, <https://doi.org/10.1017/CBO9780511664069.003>.

Panksepp, J., *Affective neuroscience: The foundations of human and animal emotions*, Oxford University Press, 1998.

Panksepp, J. «The anatomy of emotion», en R. Plutchik y H. Kellerman (eds.), *Biological Foundations of Emotion*, Academic Press, 1986.

Pessoa, L., «On the relationship between emotion and cognition», *Nature Reviews Neuroscience*, vol. 9, 2008.

Plaza, M., Gatignol, P., Leroy, M., Duffau, H., «Speaking without Broca's area after tumor resection», *Neurocase*, vol. 15, n.º 4, 2009, <https://doi.org/10.1080/13554790902729473>.

Porges, S. W., Carter, C. S. (2010). «Neurobiological bases of social behavior across the life span», en M. E. Lamb, A. M. Freund, R. M. Lerner (eds.), *The handbook of life-span development, Vol. 2. Social and emotional development*, John Wiley & Sons, Inc., 2010, <https://doi.org/10.1002/9780470880166.hlsd002002>.

Porges, S. W., *The polyvagal theory: Neurophysiological foundations of emotions, attachment, communication, and self-regulation (Norton series on interpersonal neurobiology)*, WW Norton & Company, 2011.

Preuss, T. M., «Do rats have prefrontal cortex? The rose-woolsey-akert program reconsidered», *Journal of cognitive neuroscience*, vol. 7, n.° 1, <https://doi.org/10.1162/jocn.1995.7.1.1>.

Rampino, M. R., Ambrose, S. H., «Volcanic winter in the Garden of Eden: The Toba supereruption and the late Pleistocene human population crash», *Geological Society of America*, Special Paper 345, 2000.

Ramsay, D. S., Woods, S. C., «Clarifying the roles of homeostasis and allostasis in physiological regulation», *Psychological review*, vol. 121, n.° 2, 2014, <https://doi.org/10.1037/a0035942>.

Richter J. N., Hochner B., Kuba M. J., «Pull or Push? Octopuses Solve a Puzzle Problem», *PLoS One*, vol. 11, n.° 3, 2016, <https://doi.org/10.1371/journal.pone.0152048>.

Rozin, P., Royzman, E. B., «Negativity bias, negativity dominance, and contagion», *Personality and Social Psychology Review*, vol. 5, n.° 4, 2001.

Sapolsky, R., «Any Kind of Mother in a Storm», *Nat Nsci*, vol. 12, 2009.

Sapolsky, R., *Behave: The biology of humans at our best and worst*, Penguin, 2017.

Sapolsky, R. M., *Why zebras don't get ulcers: The acclaimed guide to stress, stress-related diseases, and coping*, Holt paperbacks, 2004.

Schimmenti, A., Caretti, V., «Linking the overwhelming with the unbearable: Developmental trauma, dissociation, and the disconnected self», *Psychoanalytic Psychology*, vol. 33, n.º 1, 2016.

Schore, A.N., *Affect regulation and the origin of the self: The neurobiology of emotional development*, Routledge, 2015.

Seydell-Greenwald, A., Ferrara, K., Chambers, C. E., Newport, E. L., Landau, B., «Bilateral parietal activations for complex visual-spatial functions: Evidence from a visual-spatial construction task», *Neuropsychologia*, vol. 106, 2017. <https://doi.org/10.1016/j.neuro psychologia.2017.10.005>.

Shapiro, F., *Eye Movement Desensitization and Reprocessing - Basic Principles, Protocols, and Procedures*, Nueva York, Guilford, 2001a.

Shapiro, F., «Trauma and adaptive information-processing: EMDR's dynamic and behavioral interface», en *Short-Term Therapy for Long-Term Change*, M. Alpert, D. Malan, L. McCullough, R. J. Neborsky, F. Shapiro, M. Solomon (eds.), Nueva York, Norton, 2001b.

Siegel, D. J., «The Developing Mind : toward a Neurobiology of Interpersonal Experience», Nueva York, Guilford Press, 1999.

Simonyan, K., Fuertinger, S., «Speech networks at rest and in action: interactions between functional brain networks controlling speech production», *Journal of neurophysiology*, vol. 113, n.º 7, 2015, <https://doi.org/10.1152/jn.00964.2014>.

Sporns O., Tononi G., Kötter R., «The Human Connectome: A Structural Description of the Human Brain», *PLoS Comput Biol*, vol. 1, n.º 4, 2005, <https://doi.org/10.1371/journal.pcbi.0010042>.

Stanley, E. A., *Widen the window: Training your brain and body to thrive during stress and recover from trauma*, Penguin, 2019.

Stern, D. N., *Diary of a Baby: What Your Child Sees, Feels, and Experiences*, Basic Books, 1990.

Stern D. N., *The first relationship: infant and mother*, Fontana, 1977.

Stieg, C., «Chess grandmasters can lose 10 pounds and burn 6,000 calories just by sitting», *Make it,* CNBC, 2019, <https://www.cnbc.com/2019/09/22/chess-grandmasters-lose-weight-burn-calories-during-games.html>.

Striedter, G. F., *Principles of brain evolution*, Sinauer Associates, 2005.

Striedter, G. F., «The telencephalon of tetrapods in evolution», *Brain, Behavior and Evolution*, vol. 52, n.º 3, 1998.

Sullivan R. *et al.*, «Good Memories of Bad Events», *Nat*, vol. 407, 2000.

Taylor, J. B., «Whole brain living: The anatomy of choice and the four characters that drive our life», Hay House, Inc., 2021.

Tronick, E. Z., Cohn, J. F., «Infant-mother face-to-face interaction: Age and gender differences in coordination and the occurrence of miscoordination», *Child Development*, vol. 60, n.º 1, 1989, <https://doi.org/10.2307/1131074>.

Tronick, E. Z., «The Neurobehavioral and Social-Emotional Development of Infants and Children», *Guilford Press*, 2011.

Vagoaffe, J., Feldstein, S., Beebe, B., Crown, C. L., Jasnow, M., «Rhythms of Dialogue in Infancy», *Monograph Series of the Society for Research in Child Development*, n.º 265, 2001.

Van der Kolk, B., *El cuerpo lleva la cuenta: Cerebro, mente y cuerpo en la superación del trauma*, Eleftheria, 2014.

Van Kleef, G. A., Oveis C., Van der Löwe, I., LuoKogan, A., Goetz, J., Keltner, D., «Power, distress, and compassion: Turning a blind eye to the suffering of others», *Psychological Science*, vol. 19, 2008.

Walker, P., *Complex PTSD: From Surviving to Thriving - A Guide and Map for Recovering from Childhood Trauma*, Lafayette, 2013.

Walker, P., *The Tao of Fully Feeling: Harvesting Forgiveness Out of Blame*, Tantor Media, 2019.

Waters, S. F., West, T. V., Mendes, W. B., «Stress Contagion: Physiological Covariation Between Mothers and Infants», *Psychological Science*, vol. 25, n.º 4, 2014, <https://doi.org/10.1177/0956797613518352>.

Weaver, I., Cervoni, N., Champagne, F. *et al.* «Epigenetic programming by maternal behavior», *Nat Neurosci*, vol. 7, 2004, <https://doi.org/10.1038/nn1276>.

Weinberg, M., Gil, S., «Trauma as an objective or subjective experience: The association between types of traumatic events, personality traits, subjective experience of the event, and posttraumatic symptoms», *Journal of Loss and Trauma*, vol. 21, n.º 2, 2016.

Winnicott, D. W., *Playing and Reality*, Routledge, 1971.

Yin, H. H., Mulcare, S. P., Hilário, M. R., Clouse, E., Holloway, T., Davis, M. I., Lovinger, D. M., «Dynamic reorganization of striatal circuits during the acquisition and consolidation of a skill», *Nature neuroscience*, vol. 12, n.º 3, 2009.

AGRADECIMIENTOS

Gracias a mi papi y a mi mami, Juanfer y Guadalupe, por haberme construido un par de alas gigantes que me han hecho sentirme segura para volar por todo el mundo y explorarme a mí y a la vida. Este libro nació con vosotros.

A mis hermanos, Juanfer y José Carlos, porque son las dos personas más increíbles que tengo en la vida junto a mis padres. A mi abuela Patro, que ya no está, y me mostró con ejemplo qué es ser una auténtica tora. A mi hermano perro, Dio, que ya está viejito y se merece que le mencionen en un libro antes de marchar.

A todos mis colegas que son unos bonicos, y con su *feedback* me han hecho de mil ojos para ver el contenido desde diferentes perspectivas. A la Rosi, por inspiradora.

Al maravilloso neurocirujano español Jesús Martín-Fernández por su ayuda y humanidad. Y a todos y cada uno de los autores de la bibliografía, ellos son realmente los gigantes sobre cuyos hombros he escrito el libro.

Y por último, pero no menos importante, a ti. Gracias, hermana.

En cada página de mi libro, te he compartido herramientas
para el cambio, pero la verdadera transformación
comienza cuando nos unimos. Por eso, te invito a dar
el siguiente paso y unirte al programa «Conecta contigo»
en Eyas Psicología. Aquí encontrarás la continuidad
de tu transformación donde iremos de la mano.

¡Escanea este QR para descubrir más!

Tienes ejemplos de todos los ejercicios completados
en este

Nos vemos con mucho más en
@eyaspsicologia

Y en mi podcast